pattloch
edition
spiritualität

Warum ich noch
ein Christ bin

Warum ich noch ein Christ bin

Paul Schütz

Pattloch

Die Deutsche Bibliothek – CIP-Einheitsaufnahme

Schütz, Paul:
Warum ich noch ein Christ bin / Paul Schütz. –
Augsburg : Pattloch, 1996
  (Edition Spiritualität)
  ISBN 3-629-00684-1

Pattloch Verlag, Augsburg
© Weltbild Verlag GmbH, 1996
Umschlaggestaltung: Steinkämper Grafikdesign, Igling,
unter Verwendung eines Motivs von Paul Gauguin
Satz: Schneidler und Rotis von
Utesch Satztechnik, Hamburg
Druck und Bindung: Claussen & Bosse, Leck
Printed in Germany

ISBN 3-629-00684-1

Inhalt

Man bereitet sich dazu, auf das Christentum aufmerksam zu werden, nicht durch Lesen von Büchern vor oder durch weltgeschichtliche Übersichten, sondern durch Vertiefung in das Existieren.

Sören Kierkegaard
in der »Unwissenschaftlichen Nachschrift«

Vorwort

Mit diesem Buch verbindet mich eine persönliche Le-
segeschichte. Zum ersten Mal – ich ging damals noch
ins Gymnasium – kam es mir nach dem Krieg in die
Hände, auf schlechtem Papier gedruckt. Der Verfas-
ser war mir unbekannt. Ich begann zu lesen und kam
nicht mehr davon los: Ein Pfarrer schreibt Briefe an
einen jungen Mann, der seinen »antikirchlichen Affekt« nicht leugnet. Der Pfarrer will nicht nur lehrhaft
überzeugen, um auf diese Weise Religion, Glaube,
Christentum und Kirche mit unwiderlegbaren dog-
matischen Sätzen plausibel zu machen. Von der Lektüre ging Faszination aus, weil mehr noch als der
Adressat der Briefschreiber selbst für sich die Frage
ernst nahm: Kann ich heute noch Christ sein? Heute
– das bedeutet in der modernen Welt mit ihren viel-
versprechenden »Ismen«, den ideologischen Syste-
men; heute – das bedeutet vor allem inmitten der
Erfahrung von unmenschlich Bösem. Aufgrund der
Erschütterungen der Zeit ist es auch für einen origi-
nellen und tiefdenkenden Theologen keine Selbstverständlichkeit, immer noch Christ zu sein. Paul
Schütz gibt sich keinen Illusionen hin, auch nicht
über die Lage der Kirche. – So gehörte das Buch zu
der Grundausstattung, mit der ich wenige Jahre später das Theologiestudium begann.

1969 erschien die neue Ausgabe. Die Lektüre
wurde aufs neue spannend, ja aufregend. Zu vielen
Briefen hatte Paul Schütz ausführliche Anmerkungen
gemacht, in denen er sich ehrlich fragte, ob das erst-
mals in den Briefen Gesagte noch gelten könne. Wo

geschieht das schon, daß ein Autor das vor Jahren Gesagte kritisch ins Visier nimmt? Ob man noch Christ sein könne, ist ihm jetzt erst recht zur bedrängenden Frage geworden. Davon zeugen die Notizen des kritisch wachen Zeitgenossen zur 68er Aufbruchzeit mit der Tendenz, alles Leben – auch das gesellschaftliche, kulturelle und kirchliche Leben – total zu politisieren. Paul Schütz fürchtet, daß wir in der Identifikation mit der Welt unsere eigene christliche Identität verloren haben. »Eine Theologie, die keine eigene Sache mehr hat, engagiert sich woanders. Genauer – sie wird über ihren Kopf wegengagiert. Engagierte Theologie ist getarnte politische Ideologie.«

Wo aber ist die eigene Sache der Theologie? Paul Schütz gibt die Antwort, und sie ist sein großes Lebensthema geworden: dort, wo das Charisma auflebt, wo christliche Lehre nichts anderes sein kann »als Hinführung auf das Leben aus dem Pneuma«; dort, wo Freiheit und Offenheit entdeckt werden gegen alle Operationalisierbarkeit der Welt und ihre Sicherheitstechnik; dort, wo das radikal Neue, das im Evangelium in unsere Welt einbricht, zum nie endenden Thema von Theologie und Kirche und von persönlichem Glauben wird.

In einem der schönsten Briefe, die mich beim ersten Lesen gefesselt haben, erzählt Paul Schütz vom Sterben eines Bauern. Er wird als Pfarrer gerufen und ist auf das zusammengefallene Gesicht des Sterbenden gefaßt, als er die Sterbestube betritt. Aber da liegt »eine Geistigkeit in diesem Antlitz«. Alles hat der Sterbende hinter sich gelassen, das Reden der Leute, das ganze Dorf, seinen Hof. »Ich weiß, daß ich ein armer Sünder bin.« So erwartet er jetzt das heilige

Abendmahl, die Gegenwart seines Herrn. Damals hat Paul Schütz eine Ahnung von dem erhalten, worauf es ankommt. »Ja, es dämmerte mir auf, was es heiße, ein Christ zu sein.«

Einmal erklärt der Empfänger der Briefe, Paul Schütz habe ihn »nun sehr neugierig gemacht nach der Gestalt des neuen Christen«. Besseres kann ich den Leserinnen und Lesern der neuen Ausgabe nicht wünschen als solche Neugier. So bahnt sich in aller Bedrängnis über das Dunkle und Rätselhafte, was zwischen Himmel und Erde und im ebenen Leben geschieht, die Möglichkeit an, Rechenschaft geben zu können: Warum ich noch ein Christ bin.

Dr. Klaus Engelhardt
Landesbischof

1. An den Leser

Dieses Buch ist schon mehrmals in verschiedenen Fassungen erschienen. Die Sache bleibt dieselbe, wie sie von Anfang an dieselbe war. Die dritte Fassung liegt ein Menschenalter über der ersten von 1937. Die erste war eine Brieffolge, und die Chronologie von damals ist nicht mehr interessant. Interessant ist jetzt allein das Motiv dieser besonderen Frage. Es ist nicht nur dasselbe geblieben. Es ist in dieser seiner Unveränderlichkeit zu einer Dringlichkeit verschärft, die vieles zurücktreten läßt und alles Licht auf die Kernpunkte sammelt, die über die Zeit hinweg die brennenden blieben. So verliert das Nacheinander der Briefe wie die Abfolge der Jahre bis hin zur gegenwärtigen Fassung an Bedeutung.

Die vorliegende Fassung enthält in freier Wahl die Kernstücke der Ausgaben von 1937, 1946 und 1969. Jedem Brief ist das Erscheinungsjahr beigegeben. Die quantitative Zeitdimension tritt zurück zugunsten der Wahrheit, die nicht zeitlos ist, vielmehr sich verdichtet in der quantitativen Zeit jenes Augenblicks, in dem alle Zeiten gleichzeitig sind und in dem sich Wahrheit zu jeder Zeit im Existieren selbst verdichtet.

Paul Schütz

2. | Der vermauerte Himmel

1. Brief (1946)

Lieber Freund!

Sie bemerkten neulich, als Sie bei uns waren – so beiläufig über Tisch –, wie schwer es heute sei, in der Welt von Gott noch etwas zu spüren. Und daß diese scheinbare Abwesenheit Gottes unsere eigentliche Not sei.

Diese Äußerung ist mir lange nachgegangen. Sie haben damit zweifellos an einen wunden Punkt gerührt. Ich scheue mich nicht zu sagen, an *den* wunden Punkt.

Eine Sintflut von Leid ist über uns hingegangen. Und darüber ist die Gottesleere immer größer geworden. Ich weiß von einer Großstadt, die in wenigen Tagen fast zur Hälfte niederbrannte. Hunderttausende kamen in den Feuerstürmen um. Und danach: die Kirchen waren leerer, die Herzen verstockter: »Nun wissen wir es. Es gibt keinen Gott.«

Und dann die Sinnlosigkeit der Opfer! Aus dieser Wunde brennt die Gottesfrage in unserem Volke riesengroß empor. Wieviel edle Herzen sind in dieser Flamme schon verkohlt!

Und diese Ungleichheit der Lose! Dort werden ganze Familien ausgerottet. Hier gehen andere unbeschadet durch alles hindurch. Ich kann den Hauptmann nicht vergessen, ein Mann schon hoch in den

Vierzigern, dem Arme und Beine amputiert werden mußten. Und dem keiner wagte zu sagen, daß seine ganze Familie in K. unter den Trümmern erstickt war.

Eine Sintflut ist über uns hinweggegangen, nicht von Gewässern über Leiber! Eine Sintflut von Dämonen über die Leiber *und* die Seelen!

Die Luft war »dick« geworden über einem ganzen Kontinent von dem millionenfachen Aufschrei der zu Tode gepeinigten Kreaturen: der verwundeten und sterbenden Soldaten, der Gefolterten in den Kellern der Geheimen Dienste, der Massakrierten, der Gehängten, der Vergasten, der Legionen Geschändeter, Verlassener und Betrogener; dick geworden von dem Aufschrei: »Wo bist du, Gott?« Und dann die Taten der Verzweifelten, die keinen Ausweg mehr sahen. Die sich – in untragbarem Leid verbrennend – vor den verborgenen Gott hinwarfen, ihn herausforderten aus seinem Versteck und sich selbst entleibten. Die Heere der Selbstmörder, die als furchtbarste Anklage unserer Zeit zwischen Himmel und Erde schweben. Als Anklage – gegen wen? Und vor wem?

Aber da ist keiner. Da ist alles leer.

Wie schrieb Robakidse in seinem Buch über die russische Revolution »Die gemordete Seele«, wo der Gefangene im Keller der Tscheka an die Wand gekritzelt die Worte entdeckt: »Wo bist du, Gott?«

Heute nun schon verändert sich dieser Ruf, wird er Antwort, von einigen schon laut gesprochen, von Tausenden gefühlt: »Gott ist tot!« Der Himmel ist vermauert. Unsere Gebete fallen leer wieder in unser leeres Herz zurück.

So denken und dachten Beste unseres Volkes! Unter ihnen gläubige Christen. Ja, ich weiß von Pfarrern, bewährten Männern, die so gingen. Stumm gingen und kein anderes Wort uns hinterließen als diese Tat. Darunter Namen, die auch Sie kennen. Namen, mit deren Nennung uns das ganze Rätsel unseres Daseins anfällt und stumm macht.

Daß es das gibt!

In der Bibel steht: »Und wird alsdann eine große Trübsal sein ... und wo diese Tage nicht würden verkürzt, so würde kein Mensch selig. Aber um der Auserwählten willen werden die Tage verkürzt.« Wie abseitig klingt ein solches Wort. Wie weit scheint es überstiegen von *dieser* Wirklichkeit! Können Sie mir das nachfühlen, wie es einen zum Schwätzer macht, hier noch »auslegen«, hier noch »predigen« zu müssen?

Zehntausende von »unter die Räuber Gefallenen« liegen an den Landstraßen. Frauen, Kinder. Darunter Säuglinge, die eben dem Mutterleibe entrungen, im Oststurme erstarrt als Eisklumpen auf die Böschung geworfen werden. Zehntausende und kein »Barmherziger Samariter« ist da. Er ist einfach nicht da, weil er selbst unter die Räuber gefallen ist.

Daß es das gibt!

Ach du rührendes, kleines Gleichnis des Evangeliums!

Es ist gerade, als habe die Erde ihr Maß verloren, das sie vom Menschen empfangen hat. Von der Kraft seines Armes, der Reichweite seines Blickes und der Grenze seiner Vernunft. Als seien kosmische Ströme Leides und Elends aus der Gestirnnacht hervorgebrochen und hätten die Erde überflutet.

Mit feurigen Griffeln müssen wir es dem Gedächtnis der Enkel eingraben: daß es *das* gibt! Daß *so* der Mensch ist! Wie schnell werden unsere geschickten Literaturmacher Blut und Schrei zum »künstlerischen Genuß« für die Nachwelt umgefälscht haben! Mit glühendem Eisen darum, sage ich, müssen wir es einbrennen. *Denn wir sind allezeit auf der Flucht vor der Wirklichkeit!*

Sind nicht wir selbst es schon, wir, die Mitlebenden!

Von Entsetzen gelähmt suchen wir das Vergessen. Auf der vollen Flucht! Die wir nackend entrannen, vom Gluthauch gesengt. Und wo erst werden unsere Enkel sein? Weit, weit weg von der Wahrheit, die man nicht haben kann ohne die Wirklichkeit. Ohne diese Wirklichkeit, in deren flammendurchleuchteter Stunde die Hülle weggerissen war von den Abgründen, an denen der Weg der Völker schwindelnd hart entlangläuft. [1946]

[1968] Dieser Tage sprach ich lange mit N., einem Raumfahrttechniker. Wir trafen uns im Hofe der Akademie in X. nach einer Tagung und sprachen noch lange miteinander, als alle schon gegangen waren.

Er war entsetzt über den Pfarrer N. Er hatte von »Gott« gesprochen als dem »Herrn der Geschichte«. »Weiß der denn gar nicht, was in der Welt vorgeht?« Er erzählte mir von seinen Elektronenrechnern, mit denen in seinen Laboren gearbeitet werde. Ich weiß nicht mehr im einzelnen, was er sagte. Aber von Kurven war da unter anderem die Rede, die über unwahrscheinliche Zeiträume hinaus etwa die Bevölkerungsbewegungen der Erde verfolgen, die Möglichkeiten, Wahrscheinlichkeiten, Notwendigkeiten vorausberechnen lassen, in deren Kurvensystemen das Menschheitsschicksal beschlossen liege. Man könne ruhig sagen, diese Apparaturen »denken«. Ja, sie hätten »Launen«. Sie könnten »eifersüchtig« sein und »lügen« dann. So einfach sei das gar nicht, wie man sich das vorstelle mit »diesen

Maschinen«! »Ja!« sagte er dann plötzlich nachdenklich und verhielt einen Augenblick. Da war noch etwas.

Aber der einzelne! »Ja, der einzelne, der kommt nicht vor. Der fällt unten durch.« Benommen schwieg ich, dachte aber bei mir: Bestand nicht die ganze Menschheit aus »einzelnen«. Waren es nicht einzelne, »teams« von einzelnen, Generationen von einzelnen, die diese Denkmaschine erfunden haben? War nicht der Mensch der Schöpfer dieses »Wunders«? Er! Und er allein! Jedes Detail war von ihm vorgedacht und dann zusammengebracht. 180 000 in einer Weltraumsonde. Und dieser Mensch blieb. Er blieb immer auch ein einzelner.

Jeder einzeln mit seinem Schicksal. Das aber »kam nicht mehr vor«. Hier plötzlich sackte unser Gespräch in Schweigen ab. Hier war etwas ausgelassen. War es nichts, weil es sich dem Großgeschehen und seiner Steuerung entzog? Gab es das nicht, sagen wir: diesen »Innensektor«, diesen Mikrokosmos Mensch, dem sich mit keiner Methodik beikommen ließ?

Da standen wir nun, wir beide, auch einzelne.

Plötzlich sprach er von seiner Frau. Sie lebte ganz mit ihm in dieser Welt beinahe allmächtigen Menschenwerks, in dem der »Gott« der Theologen nur ein komisches Requisit sein konnte. Aber er hatte eine Frau. Wahrscheinlich liebte er sie sogar.

Ein Wort ging mir in diesem Augenblick durch den Sinn. Ich meine, es stamme von Sartre. Es heißt: »Diese Frau hat mich geliebt. Und das genügt.« Genügt? Wozu? Um zu rechtfertigen, ein Mensch zu sein. Diese Erfahrung gab es immer. Computer nicht. Vermutlich würde es diese Erfahrung immer geben. Lieben und geliebt werden, das war unverfügbar. Darunter oder dahinter oder meinetwegen darüber, auf jeden Fall: mir nicht verfügbar. Der Computer aber war mir verfügbar. Er war eine Kreatur meines Verfügens. Er stammte also aus einer Region, die mir zuhanden war. Gab es deshalb jenes andere nicht, das mir unverfügbar war?

Der Anspruch des Computers, als gebe es ihn allein, als sei sein Kalkül »die« Wahrheit! Schon reden wir von ihm wie von einem Menschen. Wir »füttern« ihn mit Informationen, lassen ihn übersetzen, komponieren, malen, Nachrichten austauschen, Antworten geben.

Der Computer ist Instrument, das Welt verfügbar macht. Er ist Instrument unseres Glücksanspruches. Man muß mächtig sein, um Glück zu schaffen. Darum: Macht haben ist das höchste Glück. Aber »Welt«, das ist eben nicht das Verfügbare. Es ist das Unverfügbare, aus dem wir mit der Technik des Verfügens einen Fußbreit herausgemeißelt haben, um an der überhängenden Steilwand unserer Existenz uns für einen flüchtigen Augenblick vor dem Absturz zu sichern.

Diese Existenz aber ist konkret immer im Detail. Im Detail springt uns das Unverfügbare an. Hier geht es so exakt zu in diesem Getroffensein durch das Unverfügbare, daß der Mensch keine andere Möglichkeit hat als zu leiden.

Vor einiger Zeit wurde ein mir nahestehender Mensch von einem Motorrad überfahren. Auf einem gewöhnlichen Gang in der Stadt, nichtsahnend, sagt man. Ein Faustschlag aus dem Dunkel hervor. Jäh, brutal schlug da etwas zu, und vor mir stand ein Gesicht, leichenblaß, blutverschmiert. Eh vertraut, jetzt wie die Gorgo selbst. Plötzlich erfuhren wir uns ins Grundlose geschleudert, hart und nackt in den Raum des Vortodes hinein. Auch da war etwas ausgelassen gewesen, vergessen, verdrängt. Und nun kam es als Schock hervor und ließ ein Trauma zurück, jetzt aber unvergeßbar eingebrannt.

Man kann sagen, das sei belanglos für das Ganze, privates Schicksal von einzelnen.

Genau der gleiche Griff aus dem unzugänglichen Ort hinter den Dingen hervor stieß gleich jäh, gleich brutal Präsident Kennedy und Papst Johannes XXIII. mit gleich sinnlosem Hieb aus Verantwortungen, die Weltschicksal meinten, heraus. Sollte uns gezeigt werden, daß es einen

Punkt gab, ein Äußerstes, Letztes (ein Eschaton), vor dem das »große Weltgewichte« seinen Sinn verlor? War es jenes Äußerste, das ausgelassen war? Und dessen Unberechenbares nicht in Rechnung gestellt zu haben, unsere Vorstellung von der Wirklichkeit zu einer komfortablen Illusion herabsinken läßt?

Ich muß mich wehren gegen die Verstümmelung der Welt. Im technischen Weltbild ist das Konto überzogen und Deckung nicht vorhanden, indessen hier – das Ausgelassene – ein Debet anwächst, das in die Substanz hinabfrißt.

Was ist da vor sich gegangen? Die Massenmedien sind natürlich auf den Massenkonsum angewiesen und müssen den Masseninstinkt ansprechen. Und der ist in der technischen Gesellschaft eine Glückserwartung, wie es sie früher in dieser Selbstverständlichkeit nicht gab. Was steckt dahinter? Worauf müssen die Manipulierer uns ansprechen? Wenn wir den moralischen Stuck von den Wänden schlagen, kommt etwas elementar Biologisches dahinter hervor: Was Lust verheißt, ist gut, was Unlust macht, ist schlecht. Es waren gerade die Diskussionen über die Organtransplantationen im Gange. Ist das Leben wirklich »der Güter höchstes«? Sind wir alle, einschließlich der Theologen, auf diesen biologischen Wert hin so vollständig ferngesteuert (fern? woher?), vorprogrammiert, daß das Sterben gar nicht mehr ernsthaft zur Diskussion steht? Wie in einer Art Automation fällt dieser Vorgang höchster Unlust – und letzter Realität! – zwischen den Rastern unserer Wunschbilder hindurch.

Sollten der »abwesende« Gott und das »Ausgelassene« etwas miteinander zu tun haben? »Abwesend« und »ausgelassen«? Wo denn? Doch nur in unserem Bewußtsein, keineswegs in unserer Erfahrung. Also ein »falsches Bewußtsein« und eine Lebenslüge, die aus unterschlagener Wirklichkeit sich summiert. Eliot scheint recht zu haben mit seinem Satz, daß der Mensch nicht viel Wirklichkeit ertragen könne. Vor allem offenbar nicht die Wirklichkeit

Gottes. Der Mensch unserer Zeit? Nein, der Mensch überhaupt. Den Aufruhr gegen Gott, die Anklage kennt schon der alttestamentliche Fromme. Hiob! Jeremias! Urmenschlich ist das, heute nur in Steigerungen zum Äußersten (das Eschaton) ganz nackend geworden.

2. Brief (1937)

Nun kommt heute Ihr Brief, in dem Sie schreiben: »Ist nicht gerade die Frage ›Wo bist du, Gott?‹ die Frage des Christen heute?« Ja, gewiß, und wenn es uns noch so unbegreiflich berührt, denn vernünftigerweise müßte es gerade umgekehrt sein, müßte man sagen, daß gerade der Christ der einzige sei, der außerhalb dieser Not im Gesicherten stehe. Wie widersinnig diese Tatsache auch immer sein mag, Sie werden darin mit mir übereinstimmen, daß sie einfach da ist, daß diese Not der geheime Wurm unserer Anfechtung ist, wie sehr auch immer das der Forderung widerstreitet, die in der christlichen Lehre theoretisch an uns gestellt wird. Man kann es geradezu so aussprechen: Wie ist es möglich, heute noch ein Christ zu sein? Noch schärfer: Wie geht es zu, daß wir dennoch und trotzdem Christen sind, obwohl wir das selbst nach keiner Seite hin begreifen? Ich gestehe Ihnen, daß, wenn ich auf mein Leben blicke, auf alles in ihm Erfahrene und Gedachte, auf alles, was ich von Menschen erfahren und von Menschen nicht erfahren habe, was ich antwortlos durchfragt und durchdacht habe, was ich selbst war und nicht war, so will sich mir die ganze Unbegreiflichkeit zur undurchdringlichen Mauer türmen, wie man aufgrund solcher Erfahrungen noch ein Christ sein kann.

Es muß dies aus einem Grunde heraus über einen verfügt sein, der einem nicht nur unzugänglich ist, sondern dem man sogar noch widerstreitet. Denn es bleibt ja immer dieses eine Merkwürdige in meinem und wohl auch in Ihrem Leben, daß wir selbst – aus intellektueller Redlichkeit – in der Auflehnung gegen unser Christsein nicht in der Lage sind, diese sozusagen absurdeste Tatsache unserer Existenz in den Stunden schwerster Anfechtung zu leugnen und zu sagen: »Ich bin kein Christ.«   [1937]

[1968] Warum ich trotzdem einer bleibe, nämlich ein Christ? Weil man das gar nicht wollen kann, weil man es sein muß, oder es eben nicht ist. »Christlich« ist keine Eigenschaft. Es ist eine Gunst und ein Verhängnis zugleich. Ich merke, daß ich hier ganz nahe an der Antwort daran bin, ohne daß ich sie greifen kann. Merkwürdig! Aber wahrscheinlich darum, weil sie letzten Endes nicht als Selbstverständnis zu geben ist, sondern im *Da*sein und *So*sein unablässig neu gestellt *und* neu beantwortet wird. Hier ist Wahrheit, »in« der man ist, die einen »hat«, nicht aber ich sie.

Eben lese ich folgenden Satz Proudhons: »Zieh dich zurück, Gott, denn von heute an, geheilt von Furcht und dadurch weise geworden, schwöre ich mit erhobener Schwurhand, daß du der Henker meiner Vernunft und das Gespenst meines Bewußtseins bist!« In diesem Anruf stecken in nuce alle Gründe für das Bekenntnis »Warum ich kein Christ bin«.

Es gibt, genau durchdacht, keinen Vernunft-Grund, um dessentwillen man Christ ist. Es gibt aber Gründe genug, um dessentwillen man keiner ist. Ein Christ sein heißt die Anfechtung bejahen, weil die Anfechtung der Ort ist, in dem der Glaube entsteht und glaubhaft bleibt. Denn auch die Anfechtung bleibt. Darum ist der Glaube in der Tat »nicht jedermanns Sache«.

Reinhold Schneider gestand am Schluß seines Lebens, daß er Gott bitte, ihn ins Nicht-Sein eingehen zu lassen: Diesem Wunsch weiß ich mich nicht ferne. Man kann sich ihm kaum entziehen im Blick auf die Preisgegebenheit des Menschen, die Ausweglosigkeit des Weltlaufs und vor allem – und dies bleibt die Quelle unauslöschlicher Traurigkeit – die Flucht des Menschen vor der Wahrheit seiner Wirklichkeit in komfortable Illusionen.

Nachschrift (zum 2. Brief) am Morgen
des anderen Tages:

Der Brief ist noch nicht weg. So kann ich Ihnen noch einen Gedanken nachtragen, der mir heute nacht kam.

Die Entdeckung, die heute die Welt ringsum macht, ist die Enträtselung des Geheimnisses der Materie. Nicht nur, daß der Mensch Stoff in Energie verwandelt oder neue Stoffe schafft. Er verändert auch das Wachstum der Pflanzen. Er verwandelt binnen Stunden eine Pflanze in eine andere, nie gekannte. Er verrichtet Wunder an Heilung von Krankheiten, gegen die es bisher kein Mittel gab. Er ruft Menschen, die gestorben sind, unter gewissen Umständen wieder ins Leben zurück. Er schließt im Uran-Atom die Energie des Weltraumes auf. In einem Entdeckungsrausch geht der Wettlauf der Forscher nach Hormonen, Vitaminen, Säuren, Basen, Isotopen und neuen Methoden ihrer Anwendung. Die Quelle des Lebens ist angezapft von der Seite des Stoffes her. Energie quillt in ungeahnter Fülle. Das aber heißt Macht. Sieg des Lebens. Freiheit. Neue Welt.

Und dann gibt es da noch eine Entdeckung ganz anderer Art. Eine Entdeckung, die nicht Tat, sondern Leiden ist. Die genau in die entgegengesetzte Richtung vorangetrieben wird, in der nicht Macht, Freiheit, Eroberung, Leben die Menschheit locken und lohnen, in der vielmehr Ohnmacht, Knechtschaft, Preisgegebenheit und Tod drohen.

Das ist die Entdeckung, in der man nicht Isotopen entdeckt, in der man den Menschen entdeckt. Es ist ein Entdeckt-Werden. Ein Sich-selbst-entdecken-Müssen. Und zwar nicht in »physikalischen Realitätsordnungen« durchsichtiger Art, sondern in spirituellen Realitätsordnungen undurchsichtiger Art.

Sehen Sie, das ist unser Entdecken wider Willen, unser Entdecken des Teufels.

Das geschieht beides zu gleicher Zeit: Zugleich wird das Atom zertrümmert und die Person zertrümmert. Aus beiden Zertrümmerungen brechen unvorstellbare Energien hervor, dort stoffliche, hier spirituelle.

Es gibt kein Wort, weder ein wissenschaftliches noch ein dichterisches, und sei es so vollständig, wie es wolle, das den anderen Menschen daran teilnehmen ließe. Es muß existentiell geschehen. Es muß einer verbrennen mitten unter den anderen. Damit es bleibe in Wissen und Gewissen: Wirklichkeit ist das! [1937]

3. Brief (1946)

Sie fragen mich nun: Wie geht das zu? Warum können wir Gott nicht mehr sehen, gerade in solchen Leiden, wie Sie sie schildern, im Kriege, in den Wirtschaftszusammenbrüchen unserer Zeit, in den Revolutionen, in Grausamkeiten, die alle Vorstellungskraft übersteigen. Wie geht das zu, daß auch wir Christen in der Finsternis tasten?

Sehen Sie, wir haben eben gerade die entgegengesetzte Erfahrung gemacht, nicht Gotteserfahrung, sondern Teufelserfahrung. Nur mit dem Unterschied, daß wir uns das nicht eingestehen wollen. Ich blättere in einem alten Kriegstagebuch von mir. Ein schäbiger kleiner Wachstuchband. Die Erde Flanderns klebt noch auf den verwischten Buchstaben, die hastig über die Zeilen laufen.

Ich finde da unter dem 31. Oktober, noch mitten in den ersten, so blutigen Kämpfen diese Notiz:

»Ringsum seit Tagen ein ausgestorbenes Land. Nicht eine menschliche Seele zu sehen in Meilenweite. Nur scheu flüchtende Vögel. Tag und Nacht gellt die Landschaft von dem Knattern und Dröhnen des Menschenmords. Die Luft stinkt nach Aas und Brand, und allnächtlich loht ringsum ein Feuerschein neben dem anderen. Und da mittun zu müssen, zu müssen, wie von Dämonen geschleift, noch bespritzt vom Blut und vom Hirn der Kameraden gestern, dies müssen, diese entmenschte Vergewaltigung!

Je länger, je mehr enthüllt sich vor meinem Auge, was das heißt: Krieg. Ich habe keine Worte dafür. Die Kehle ist mir zugeschnürt. Ich möchte Blut aus meinen Augen weinen. Aber es ist darin starr wie Eis. Die daheim haben ja davon keine Ahnung. Diese Wirklichkeit läßt jede Fantasie hinter sich. Der Krieg ist der dunkelste Wahnwitz der Menschheit, die Nachtfakkel auf ihrem Todespfad. In diesen Wochen ist nicht nur der schwärzeste Abgrund der Menschheit, sondern des Universums vor mir aufgetan worden.«

Sehen Sie, das ist es, was ich entdeckt habe in der *Wirklichkeit* unserer eigenen Geschichte, wenn ich sage: es gibt den Teufel. *Wirklichkeit*, sage ich.

Es hängt – beim Teufel! – einiges daran, zu sehen, was wirklich ist. Die Frage nach der Wahrheit, das ist nach dem Wirklichen, ist gar keine so geringe, wie die Skeptiker mit ihrem Vater Pilatus an der Spitze uns weismachen wollen.

Ja, sie ist die wichtigste Frage für das Menschengeschlecht, die es gibt, eben weil es die Frage nach der Wirklichkeit ist.

Sehen Sie, das ist schon ein Werk des Teufels, diese ironisch-skeptische Frage des Pilatus: »Was ist Wahrheit?« Christus antwortet ihm darauf, daß Er die Wahrheit sei. So wie Er da steht, gefesselt, bespieen, gefoltert, dem Tode verfallen. Diese seine Wirklichkeit, dieses sein Kreuz, der Richtpfahl des gehenkten Gottes, das ist die Wahrheit über die Welt, in der der Teufel wirklich ist. In der er allen Grund hat, die Wahrheit zu verschleiern, eben weil sie seine Wirklichkeit betrifft.

Es ist das gewisseste Zeichen seiner Existenz, wenn er diese Existenz leugnet. Es flüstert in uns: »Er ist nicht.« Das ist er selbst, der so flüstert in uns. So brachte er sich in der Welt je und je zum Verschwinden. Am liebsten durch den Mund eines Genies, wenn möglich eines theologischen. Der Einheitswille des menschlichen Logos verfällt ihm da je und je. Er ist es, durch den sich der Teufel zum Verschwinden bringt und das auf »tiefreligiöse«, auf »wahrhaft fromme« Weise, nämlich – in Gott selbst hinein zum Verschwinden bringt. Unvermutbar dort! Unauffindbar! Teuflisch genial! Denn, so sagt der Logos: auch das Böse muß in Gott sein. Er geheimnist den Teufel in Gott hinein und Gott (mitsamt dem verschwundenen Teufel) wieder in den Menschen hinein. So kommt das »einheitliche« Weltbild zustande, hinter dessen wogenden Sphären die wirkliche Welt verschwimmt, eine »logische« Wahrheit, hinter deren biedermeierlicher Redlichkeit die dämonische Dynamik der Wirklichkeit »Mensch« überhaupt nicht mehr zu Gesichte kommen kann. Er will, daß wir *seine* Wirklichkeit nicht sehen, damit er uns um so sicherer zu Werkzeugen seiner den Himmel stürmenden Vermessenheit mache.

Da hat er uns schließlich so weit, daß wir selbst uns für Gott halten und »im Glauben an den Menschen« *seine* furchtbaren Taten tun. Er selbst aber hat sich zum Verschwinden gebracht, und mit ihm selbst – Gott. Und dies auf wahrhaft dämonisch-geniale Weise: in uns, im Menschen selbst.

Das ist unsere Einsamkeit. Das ist unsere Gottesleere. Die gottesleere Wirklichkeit des Menschen. Eine von uns selbst geschaffene Wirklichkeit, in deren Mißschöpfung wir bis an den Rand der Verlorenheit hinaus preisgegeben sind.

Es hängt beileibe etwas daran, zu sehen, was wirklich ist. Dieses »Sehen« heißt »Wahrheiterkennen«. Die Wahrheit schützt uns davor, in das Nichts hinauszustürzen. Diese Wahrheit aber kann zunächst nichts anderes besagen – zunächst –, als daß wir auf dem Wege sind, verlorenzugehen.   [1946]

[1968]   Zu jenem Tagebucheintrag von 1914:
Dies ging über die Kraft. Daß es das gibt! Daß so das Leben war! Ja, noch mehr, daß so Geschichte war! Ich mußte lernen, was man nur erfahren kann im Dringe-

steckthaben, ohne ausflüchten zu können. So habe ich erfahren können de profundis, was das heißt: »Geschichte«. Dieses Ausgesetztsein in jenem besonderen Siedepunkt kreatürlichen Leidens, in dem jede Antwort zum Hohne wird, in dem es nur heißt: bestehen oder versagen! Darin sein Menschsein gewinnen oder in Verzweiflung oder Geistesstörung aufhören, Person zu sein! Diese Erfahrung ist mir dann die Existenzerfahrung schlechthin geworden, alles Denken wie ein unaustilgbares Ferment durchdringend. Ihre Unauflösbarkeit. War durch keine Reflexion zu überwinden, weder durch eigene, noch durch die anderer. In den Existenzgrund war etwas Unlösbares einzementiert, an dessen Unberührbarkeit jeder Versuch eines Verstehens sein unerbittliches Maß genommen bekam. Ich lernte, daß – nach einem Wort Kierkegaards – die Geschichte das Unmögliche, aber Wirkliche war. An diesem Absurdum dämmerte mir die Wahrheit des christlichen Absurdums auf: Auch das Evangelium bezeugte das Unmögliche, aber Wirkliche. Beide setzen gleich tief gegeneinander an. Tiefer kann man nicht ansetzen.

Wie rasch sind wir darüber hinweggekommen! So verwirrend die Konsequenzen sind, wir müssen dem Ungeheuerlichen ins Auge sehen: Es gibt das Böse, und zwar das radikale, nicht das »sogenannte«. Hier steuert uns die neue Aufklärung, indem sie dieses »Ungeheuerliche« wegargumentiert, in eine kapitale Lüge hinein. Sie gibt uns auf diese Weise kritiklos einem Dunkelraum preis, in dem wir nicht umhin können, unsere Schritte zu tun. Die Welt ist anders! Der Mensch ist anders!

Im Menschen kommen außerirdische Gewichte überlegen ins Spiel. Nur die theologische Kategorie ist hier noch ausreichend.

Goethe berichtet im XX. Buch von »Dichtung und Wahrheit«, daß er vor dem Ungeheueren hinter ein »Bild« flüchte. Denn dies »Ungeheuere« gibt es. »Sorglos eilen wir in den Abgrund, nachdem wir uns etwas vor uns aufge-

baut, was uns hindert, hinzusehen« (Blaise Pascal). Dieses
»Vor-uns-Aufbauen« kann der Dichter mit seinem »Bild«.
Der Christ kann es nicht. Er muß hinsehen.

3.

Gott auf
den Kopf gestellt

4. Brief (1946)

Glauben Sie nicht, daß es mit dieser Entdeckung so schnell ging. Jahre hat es gebraucht, bis ich sah, was da – nein, *wer* da eigentlich im Raume anwesend war.

Und auch mein Christsein hatte damit erst *ange-fangen.* Es ist einer Geburt gleich, die das Leben lang dauert und im Tode sich vollendet. Jene Entdeckung war dabei nur eine erste Geburtshilfe. Wie bei allen wachstümlichen Dingen gilt auch hier, daß sie jenseits unseres Willens sich vollziehen. Geboren wird man. Es geschieht an einem. Sie bemerken sehr richtig, daß die Wirklichkeit des Teufels unser Weltbild so, wie es die große klassische Tradition schuf, in Frage stelle.

Daß ich ein Kind dieser Tradition war, diese Not gereichte mir zum Guten: Die nicht leichte Lösung aus ihrer Bindung machte es nämlich nötig, daß jeder Schritt auf dem neuen Wege in der Schule einer Prüfung erkauft werden mußte. Kein kleiner Maßstab, das klassische Erbe, an dem es Maß zu nehmen galt!

Bedenken Sie, ich bin ja damals als junger Student, mit der »Milch klassischer Denkungsart« groß-gesäugt, in den Krieg gezogen. Wir alle wußten uns damals in unserem Besten, dem Willen zur Hingabe für das Vaterland, durch dieses Erbe geprägt. In ihm war uns das Bild einer Welt überkommen, die sich

»in Harmonie mit dem Unendlichen« befand. Einer Welt, für die es sich lohnte zu sterben, und noch vielmehr – für sie zu leben. Denn eben nicht der Teufel war in ihr zu finden. Der war längst zur lächerlichen Figur mit Huf und Schwanz herabgesunken. Nein, nicht der Teufel – Gott war in ihr zu finden. Gott-Natur und Gott im All, Gott in der Geschichte und Gott in mir. Es ist das Weltbild unserer klassischen Humanität, aus dem der Mensch jenen stolzen Glauben an sich selbst geschöpft hat, der das Merkmal der Neuzeit bis hin zum Sozialismus unserer Tage geworden ist.

Ein Ethos der Tat ist aus solchem Weltbewußtsein in das Lebensgefühl des modernen Menschen übergeströmt. Hier wurzelt sein »Glaube an den Menschen«. Hier nimmt der »Herr der Erde« seinen Anlauf, um sich die Welt zu Füßen zu legen.

Und hier – so meine ich – ist heute ein Einschnitt geschehen. Es ist da heute ein Ende gekommen. Es hört da etwas auf, plötzlich, unwiederbringlich. Das Ende ist die Grenze, die unabdingbare, endgültige Grenze, an die der selbstgenügsame Mensch heute stößt.

Es ist da eine Wirklichkeit in unserem Dasein, im Zukommen auf uns, die in das klassische Weltbild einfach nicht mehr eingeht. Nicht nur, daß sein Gefäß von der neuen Fülle überläuft. Nein! Es wird zerschlagen unter dem Anprall dessen, was heute als nackte Existenz uns anspringt.

Sehen Sie, lieber Freund, etwas gänzlich anderes als »Weltbild«, als »Weltanschauung« begibt sich da. Diese Bilder und Systeme gleichen Vorbastionen, die der Angriff längst überrannte, uns auf den Kern unserer Stellung, auf die nackte *Existenz* zurückwerfend. Sie allein stellt heute noch Wirklichkeit für uns Menschen dar. Eine Wirklichkeit von so anpackender Gefährlichkeit, die sich jeder Bemächtigung entzieht. Eine neue Dimension der Wirklichkeit, in der nur noch die eine Frage zum Klingen kommen kann: wie ich darin bestehe. [1946]

[1968] Wir leugnen den Teufel. Hitler und Stalin leugneten ihn auch. Beide Male Leugnung, damals wie heute. Leugnung der Wirklichkeit des Ausgelassenen. Dieser Mechanismus ist heute genau so mächtig wie damals.

Wir sehen den Zusammenhang nicht. Sind wir darum so leidenschaftlich geschichtslos? Geschichte ist Zusammenhang. Ein seherischer Jude, Max Picard, sprach vom »Hitler in uns selbst«. Das trifft uns alle, Antisemiten wie Philosemiten, Christen wie Juden. Wie war es möglich, ein Menschenalter nach Auschwitz, den Teufel zu entmythologisieren? Hat er uns schon wieder so fest am Krips, daß wir sagen: Es gibt ihn nicht?

Das Ausgelassene! Und daran erinnert die Bibel, wenn sie mit realistischer Unbekümmertheit den Finger ausstreckt und auf etwas weist im Menschen und dazu sagt: »Teufel«. Nicht der technische Hephästos an seiner Unterwelt-Esse ist der Teufel. So einfach ist die Sache nicht. Aber da ist etwas im Menschen, in uns, in jedem von uns, und das benennt die Bibel mit dem Namen »Teufel«. Auch diese Wirklichkeit gehört zum Dasein, und sie lasse ich mir nicht mehr wegschwindeln. Ich sah zu viel.

Es ist etwas Absurdes in dem, was wir Geschichte heißen. Da geschehen Brüche, für die in der menschlichen Welt keine Möglichkeiten des Verstehens vorhanden sind. Man kann sie ebenso Einbrüche wie Ausbrüche nennen. Sie gehen durch uns hindurch, über uns hinweg. Nur dadurch wissen wir von ihnen.

Hier gibt es nur ein Bestehen, kein Verstehen mehr,

Standhalten, Aushalten, immer wieder Aufstehen vom Boden. Leiden ist Handeln in der äußersten Anspannung der Kräfte.

Der religiöse Sozialismus hielt ebensowenig stand wie der religiöse Individualismus. Die Welt wurde ebensowenig »besser« durch das eine wie das andere. Ebensowenig wie die Gesellschaft anders wurde, wenn das Herz anders geworden war, so wurde das Herz anders, wenn die Gesellschaft anders geworden war. Das Christentum als Kulturreligion ist ein idealistisches Mißverständnis. Die Welt ist nicht besser geworden. Im Gegenteil.

In einer Schülerzeitung stand dieser Tage folgendes zu lesen: »Nach langer Untätigkeit verschied Gott der Herr ... ›Der Gott, der einst alles so herrlich regierte, den meine Seele lobte, der mich auf eine grüne Aue führte‹, ist abwesend, krank, verreist, tot. Einen Gott, der alles aufs beste bestellt in Auschwitz und im Warschauer Ghetto, in Vietnam und im New Yorker Negerviertel gibt es nicht mehr. Er hat seine Arbeit nicht erledigt. Seine Stelle ist offen. Er muß vertreten werden. Die Zukunft ist offen.«

In der Tat: Dieser Weltverbesserer von Gott ist so vollständig erledigt, daß der Mensch mit Recht zur Selbsthilfe übergegangen ist. Es gibt kein stärkeres Argument der Nicht-Existenz des christlichen Gottes, als ihn der Blamage – siehe Schülerzeitung – durch »politische Ethik« auszusetzen. Er hat Harakiri gemacht und das mit Hilfe eben dieser politischen Ethik. Unser politischer Pietismus verschleiert diesen Tatbestand. Hier sind Wunschbilder von der Welt am Werke, denen die Horizonte der wirklichen Welt, die um ein Unermeßliches die menschliche Möglichkeit überschreiten, außer Sicht gekommen sind. Das Unverfügbare steckt überall dazwischen, am deutlichsten spürbar dort, wo der Mensch der Sklave seiner eigenen Produkte wird. Ich denke da nicht nur an die Rückkoppelung zwischen Arbeit und Freizeit oder Konsum und Produktion, was für sich schon genügte. Ich denke an den Zirkel, in dem heute Wissenschaft und Politik ineinander verkeilt sind. Hier ist es zu jenen schweren Gewissenskonflikten gekommen, wie sie in der Atomphysik etwa mit den Namen Einstein und Oppenheimer verknüpft sind, indes sich noch weit schwerere Konflikte von der Biochemie her ankündigen. Es ist eine Ohnmacht großen Stiles, die sich wie eine Wetterwand über die ganze Breite unseres Geschichtshorizontes heraufhebt. Was heißt hier »Verantwortung für die Geschichte« inmitten der Demonstration einer Ohnmacht, wie sie noch kein Zeitalter des menschlichen Geschlechtes auf den Rücken gezählt bekommen hat? Aber das darf man nicht sagen.

Daß es die Katastrophe gibt in der Geschichte, muß man ernst nehmen. Es hat uns etwas zu sagen, daß sie möglich ist. Die Katastrophe gehört zum Unausweichlichen dieser Welt, weil Freiheit in ihr ist. In die Freiheit hinein ist der Mensch gewagt, wagt er sich selbst. Die Katastrophe ist eine Möglichkeit der Freiheit, sozusagen die negative. Das Risiko ist echt. Auch Fortschritt kann in ihr eine spezifische Form der Katastrophe sein. Man kann auch in den Untergang »fortschreiten«. Den Aufstiegen sternenhoch entsprechen nach einer geheimen Gerechtigkeit auch die Abstürze. Nie war Geschichte anders.

In der Katastrophe ist aber nicht nur ein Negatives am Werke. Hier ist im Negativen auch das Positive mit eingeschlossen. Im Erleiden tut sich dem Bewußtsein indirekt das Dasein einer anderen Welt kund. Im Erleiden weiß ich existentiell um eine andere. Die »andere« erst macht es möglich, daß ich leide an »dieser«. Dies ist die Wahrheit des Seins, die uns im Leiden kund wird. Im Leiden erfahre ich Anwesenheit der anderen Welt wie im Negativ das Positiv. Im Entbehren vollziehe ich das Auf-sie-hin-geschaffen-Sein. Das Leiden ist die einzige unabdingbare Wirklichkeit unseres Geschicks, ein Mensch zu sein.

Die alten Dogmatiker wußten etwas von dem Absurdum dieser Gotteserfahrung. Sie nannten es das mysterium sub contrario: das Geheimnis der Anwesenheit Gottes unter seinem Gegenteil. Gott reitet auch auf dem Rücken des Teufels in der Geschichte zu seinem Ziel. Er ist der deus inversus: der auf den Kopf gestellte Gott. Eben dies meint das Kreuz, von dem Luther sagt, daß es über die ganze Erde hingelegt sei. Hier ist der Nihilismus dichter als unsere landläufigen Theologien an jenem Feuer, das Christus auf die Erde geworfen hat, und von dem er wünschte, es brennte die Erde schon in ihm.

Mit dem Erscheinen von Jesus Christus ist die Welt in Entfesselung und Auflösung geraten. Darum ist sie seit Christus eben gerade nicht »besser« geworden, sondern umgekehrt. Wäre das Evangelium »politische Ethik«, dann hätte sie allerdings besser werden müssen. Seit Christus wird sie durch ihr eigenes Tun sozusagen ausgewickelt bis auf den geheimen Kern. Selbstdarstellung und Selbsterfüllung – bis in die Abgründe hinab – ist ihr auferlegt. »Es ist nichts verborgen, das nicht offenbar werde« (Mt 10,26). Eben dies ist Geschichte, dieses Aufgedecktwerden »dessen, was im Menschen ist«. Darum plein pouvoir für alle seine Möglichkeiten, Entfesselung außen und Auflösung innen. Sie sind die zwei Seiten desselben Vorgangs der »dahinschwindenden Gestalt« der gefallenen Welt. Durch die Welt muß man die Bibel lesen und durch die Bibel hindurch die Welt. Sie entschlüsseln einander. Sie geben einander Realität.

Das christliche Zeitalter ist zu Ende. Ein neues Blatt ist aufgeschlagen. Wie ein Palimpsest ist seine Partitur zu entziffern, auf dem »Bibel« und »Welt« übereinander-ineinander geschrieben sind.

5. Brief (1946)

Der ganze Ernst der Lage, in der wir uns heute befinden, kommt mir durch Ihren Brief wieder erneut zu Bewußtsein. Und das ist gut so. Wir können gar nicht illusionslos genug diesem Befund gegenüberstehen.

Überprüfen wir ihn nüchtern, so müssen wir uns gestehen, daß uns nichts außer uns selbst verblieb. Die Welt mit sich selber allein gelassen. Und das muß nun offenbar von uns durchexerziert werden.

Ich glaube, daß es so seine Richtigkeit hat.

Der Mensch kennt sich selbst noch nicht. Er ist noch auf der Flucht vor seiner eigenen Wirklichkeit. Er ist dies leidenschaftlicher denn je. Siehe die politica unserer Zeit! Und diese Wirklichkeit muß er erst kennenlernen.

Das also müssen wir, und da sind wir schon mitten darin, nolens volens: die neue Selbsterwartung in der Einsamkeit bis zum letzten Ende durchproben; und darin eine neue Welterfahrung machen; eine Welterfahrung, die ganz und rein sich nur vom einsamen Menschen, vom »Menschen und sonst nichts« her aufbaut.

Das neue Weltalter ohne Gott hat erst begonnen. Es muß sich selbst erst kennenlernen. Der neue welteinsame Mensch muß erst alle seine Höhen – und auch Abgründe – durchmessen haben.

Vielleicht, daß dann … dieser einsame Mensch aus seiner eigenen Mitte zu Gott hindurchstößt …

Aber nein! Keine Träumereien am Kamin! Wir haben allzu Bitteres erfahren. Sind wir ehrlich! Uns liegt ein ganz anderes im Blute. So etwas wie die Apologie des verlorenen Sohnes gegen den Vater … Des Sohnes, der nicht mehr zurückkommt …

Welche Apologie dann enden würde mit dem Gleichnis vom verlorenen Vater …

»Es war ein Vater, der ließ seine zween Söhne allein und ging fern über Land.

Da wurde selbige Gegend von den Feinden mit

Krieg überzogen. Ihr Besitztum brannte nieder. Ihre Weiber wurden geschändet. Sie selbst wurden halbtot geschlagen.

Aber sie standen wieder auf vom Boden und bauten von Grund her Haus und Leben neu auf. Nicht beim verlorenen Vater suchten sie den Sinn. Der blieb verloren mitsamt dem Sinn. Die Dinge hatten keinen Sinn. Es sei denn der, den sie aus eigener Kraft den Dingen gaben. Und sie schlachteten ein Kalb zur Baurüste und waren fröhlich und besserer Dinge als zuvor.«

So etwa würde das Gleichnis lauten.

Es wird nun wohl darauf hinauskommen in der Weltgeschichte, daß diese beiden Gleichnisse gegeneinander gewogen werden. Das Gleichnis vom verlorenen Sohn und das vom verlorenen Vater. Da kann man nichts weiter dazu sagen. So stehen die Dinge heute unter uns. Das wird in der Geschichte ausgewogen. Nicht mit Büchern oder Manifesten. Das wird ausgewogen mit Blut, Geschrei und Tränen. Bis zum letzten Hauch. Ohne Erbarmen … Wer wohl der Verlorene in Wahrheit war, der Vater oder der Sohn? [1946]

[1968] Damals parodierte ich das Gleichnis vom verlorenen Sohn und sprach vom verlorenen Vater. Der Sohn wäre dann nie fortgegangen, aber der Vater! Oder sollte noch etwas ganz anderes passiert sein? Sollte etwa der Sohn den Vater umgebracht haben? Bei Nietzsche las ich dergleichen, und der sollte es wissen. Ist diese Toterklärung etwa die Kehrseite der »Mündigkeit« des Sohnes, der Inbesitznahme »seiner« Welt und der Proklamierung ihrer »Eigengesetzlichkeit«?

Es muß herauskommen, was der Mensch ist. Er muß es vor sich selbst zur Schau stellen. »Du bist frei«, sagt Gott zu ihm. »Ich gebe dir plein pouvoir. Ich gebe dir dieselbe Freiheit, die ich habe. Die Geschichte, das ist die große Chance, alle deine Möglichkeiten bis zum Grund auszuschöpfen. Tue Teufelswerk im Namen des Evangeliums! Auch diese Chance sollst du haben!« Der Mensch muß sich bewiesen haben, daß er die »Vollendung der Welt« nicht bringen kann. Geschichte ist der große Testfall, in dem der Mensch vor sich selbst enthüllen muß, wer er ist und was er kann. Und wenn es noch Jahrtausende dauert. Die Chance, die ihm gegeben ist, die ist total. Der verlorene Sohn im Evangelium erhält sein Erbe voll ausgezahlt. Er kann tun, was er will. Die Welt liegt offen vor ihm. Und er geht, wohin er will und tut, was er will, und bis heute ist er noch nicht zurückgekehrt. Babylonischer Träume voll, wird er noch lange nicht zurückkehren.

Die Realität, in der wir existieren, zeigt ein Einzugs- und Ausbruchsgebiet von Verwirrungen und Verwicklungen, das nicht übersehbar ist. Wissenschaftlich an das Spezielle gebunden, erliegen wir dem Wahn, das Unauflösbare auflösen zu können mit partiellen Parolen, von denen die »Mündigkeit« besonders gängig ist im Blick auf das partielle Faktum einer verwissenschaftlichten Welt.

Was heißt »mündige Welt«, wenn nicht Hitler, und vor ihm Stalin, die stärksten Exponenten dieser Mündigkeit waren? Wie waren sie anders möglich als aus dieser Mythologisierung des autonomen Menschen heraus? Angst verschleiert uns hier den Blick für die Folgen der Tatsache, »daß zum ersten Male im Laufe der Geschichte der Mensch auf dieser Erde nur noch sich selbst gegenübersteht ...« (Werner Heisenberg). Hiroshima war ebenso eine Möglichkeit der mündigen Welt wie Auschwitz. Die Gen-Steuerung der »Menschenmacher« ist es ebenso wie die Euthanasie des unwerten Lebens. »Mündigkeit« ist eine unkritische Deutung dieses Auf-sich-selbst-Gestelltseins, das der große Physiker in Beschränkung auf den Befund pathoslos definiert, nicht weltanschaulich deutet.

Warum so unkritisch, meine Zeitgenossen? Ich meine so unkritisch gegen uns selbst, gegen die Voraussetzungen unseres eigenen Urteils?

Während ich diese Zeilen schreibe, komme ich zur Kenntnis eines Buches des Franzosen M. Merleau-Ponty. Es heißt »Humanisme et terreur«. Hier lernt man, daß es über Kant zu Robespierre geht, daß Idealismus und Terrorismus zusammenhängen. Idealismus ist absoluter Anspruch der Vernunft. Es geht nicht gegen die Vernunft, sondern gegen den absoluten Anspruch. Über den brechen die Affekte herein. Nicht nur in der Wissenschaft, sondern auch in der Moral führt der absolute Anspruch zum totalitären Staat.

Ich könnte dem, was ich 1937 über die neue Welterfahrung kraft untragbaren Leides gesagt habe, nur noch hinzufügen, daß es erst die Hälfte war, daß die Straße der Leiden noch nicht bis zu jener Wegmarke ausgeschritten war, an der der Name »Auschwitz« stand.

Es ist inzwischen eine neue Welterfahrung hinzugetreten. Auf dem Wege in das Atomzeitalter war nach »Auschwitz« die Wegmarke »Hiroshima« zu lesen. Die Pseudo-Weltrichter von Nürnberg werden heute selbst vor die Schranken gefordert. Vietnam! Und so fort, die Geschichte entlang. Die Selbstgerechtigkeiten fressen sich selbst auf, bis zum Jüngsten Gericht.

Wie ist es nur möglich, daß diese Gefährdung – und zwar in ihrem totalen Charakter – in unserem Bewußtsein einfach ausgelassen bleibt? Daß der Gedanke gar nicht aufkommt, es könne diese Gefährdung eine Folge unserer »Mündigkeit« sein? Wann hat sich je eine Scheinrealität so grausam und so stetig täglich vor unseren Augen und an unserem Leibe ad absurdum geführt wie diese? Eine ausgebreitete Literatur zu dieser Gefährdung liegt vor und wächst ständig. Keine Theologen, aber Physiker, Soziologen, Nationalökonomen, Psychologen, Ärzte, Politiker sind es, die sie bemerkt haben. Angesichts des schweren Gewissenskampfes in einer Elite unserer Atomforscher mutet unser Reden von einer »Verantwortung für die Welt« unrealistisch an. Es ist eine Art von Tabuwort, »das echte Fragen abwenden soll«. Es sind »Fluchtargumente« in solchen Reden am Werke, die uns »die Konfrontation mit scheinbar unlösbaren Zeitproblemen« ersparen sollen. Die »Verwirklichung« hat eine »Verstrickung« zur Folge gehabt, der »potentiellen Verhängnisse« voll (Präsident Roosevelt, 1939).[1]

Wir sind hier in eine »Landschaft des Verrates« hineingeraten, in der die ehrlichsten, stärksten Geister unserer Zeit zwischen dem Sittengesetz und dem Überlebenswillen sich zerrissen sehen. Das Dilemma wurzelt noch weit tiefer. Die berechenbaren Mittel in der Hand des unberechenbaren Menschen – das ist das Problem.

Es hilft alles nichts! Immer umfassender und – damit wachsend ungreifbar – zeigt sich Wirklichkeit als eine unentzifferbare Figur, als ein immer fester sich verwirrendes Geflecht aus unüberschaubaren Bezügen auf, dem gegenüber jede Vereinfachung durch Formeln des Wissens nicht mehr nur zur Verfälschung, sondern zum Verlust von Wirklichkeit führt. Dieser Verlust, der ein Verlust an Wahrheit ist, macht uns immer schutzloser dem großen Leiden gegenüber, das in demselben Maße wächst, als uns die Technik, die ärztliche Kunst und die Politik von den kleinen Leiden befreit.

Aus welcher Quelle speist sich das unausschöpfbare Meer der Leiden? Ist es etwa dies: Indem wir das Leid aus dieser Welt räumen wollen, schaffen wir nur noch größeres? Ist dies etwa das Gesetz der Geschichte, Gerechtigkeit nur durch Ungerechtigkeit, Freiheit nur durch Zwang schaffen zu können? Ich las neulich die These vom »guten Terror«. Das läßt tief blicken.

[1] Zitate nach Friedrich Wagner, Die Wissenschaft und die gefährdete Welt. München 1964, S. 152 ff.

Ich wage die Frage nicht zu stellen, geschweige denn auszudenken, ob eine Menschheit nicht bereits in der Erbmasse, das heißt konstitutiv versehrt ist, in der Jesus von Nazareth nicht nur nach Recht und Gesetz, sondern »im Namen Gottes« zum Tode verurteilt werden konnte; in der dann Millionen seines Volkes, dem so zu tun verhängt war, in einer Nacht unausdenkbaren Schreckens in Giftgas erstickt wurden; in der am Rand der Selbstzerstörung sich kein anderes Friedenslicht zeigte als die pax atomica. Ich wage – diesseits einer evangelischen Prophetie – die Möglichkeit nicht auszudenken, daß eine solche Kreatur nicht noch einmal geschaffen werden müßte: ob »Auferstehung« nicht gerade den Schöpfungsakt meint, durch den dieser Welt der Rettungsweg in ein totum novum hinaus geöffnet werden soll.

Ja, sie ist »gottgewollt« und ist »mündig«, aber in einem anderen Sinn, als ihre theologischen Befürworter es meinen. Wenn mündig, dann auch schuldig. Sie ist gottgewollt im Sinn der Verantwortung und des Gerichts. Sie ist gottgewollt, damit offenbar wird, was im Menschen ist. Der letzte Winkel seiner Welt soll herausgestülpt werden, damit er selbst, »Adam« selbst, mit eigenen Augen sieht, wer er ist. In diesem Sinn ist die Geschichte Vorbereitung auf die Wohltat des Gerichts.

Mit dem Teufel haben wir den kämpfenden Christus aus unserer Theologie klammheimlich hinauskomplimentiert, den Zorn seiner Kampfesgleichnisse ausgelassen, die urevangelische Waffe der Unterscheidung der Geister zerbrochen.

Mit dieser Unterscheidung bewahrt der christliche Glaube der Welt einen lebensrettenden Gefahrensinn. »Denn das Böse kommt tiefer herauf« (Barlach). Der englische Dichter W. H. Auden bekennt: Wir sind nicht unglücklich, wir sind böse. Er hat den Mut, von einer »gefallenen« Welt zu reden. Der Vorwurf des Pessimismus an den christlichen Glauben ist ohne Kenntnis der Sache, um die es in ihm geht. Er gilt allenfalls für ein Christentum, das sich selbst das Auge der Prophetie ausgestochen hat. Das prophetische Wort ist schöpferisch und geht auf das Jetzt im Hiesigen der Zeit. Es versetzt den Menschen in Konflikt mit »dieser« Welt. Es erlaubt ihm unter keiner Bedingung, Frieden mit ihr zu machen. Es weist über die Geschichte hinaus, indem es sagt: Ende! Die Geschichte hat keinen »Sinn« in sich selber. Ihre Widersprüche sind unschlichtbar. Ihre Endlichkeitsstruktur weist über sie hinaus. Sie ist ein Interim. »Die Geschichte, selbst die beste, hat immer etwas Leichenhaftes, den Geruch von Totengruft. Ja, man kann sagen, sie wird immer verdrießlicher zu lesen, je länger die Welt steht.« Der Satz stammt von dem Weltkind Goethe, nicht von einem pessimistischen Eschatologen. Die Geschichte ist ausweglos, wie es die Formel des Tragischen diesseits des Christentums in der attischen Tragödie, bei Shakespeare, im Buddhismus, in der »schwarzen Literatur« unserer Zeit mit Monotonie ausspricht. Auch die Rationalität führt uns nicht aus der Ausweglosigkeit, im Gegenteil, sie führt uns immer noch tiefer hinein. Sie erliegt dem Zauber der Wunschbilder, die unsere Selbsterhaltungsinstinkte in uns erzeugen. Sie erzeugen ein falsches Bewußtsein, weil das Ausgelassene, das der Ratio widerspricht, in ihm nicht vorkommen darf. Dahinter bildet sich das finstere Vakuum, aus dem die Katastrophen der Bestialität immer wieder von neuem hervorbrechen. Wirklichkeit läßt sich nicht wegrationalisieren. Gerade der Totalitätsanspruch der Rationalität schafft im Auslassen den Freiraum für die Finsternisse des Irrealen.

6. Brief (1946)

Hüten wir uns, lieber Freund, daß wir nicht in eine neue, weitaus gefährlichere Illusion verfallen! Gibt es wirklich diese stolze Einsamkeit des in sich selbst ruhenden und des aus sich selbst lebenden Menschen?

Diese Frage stellen heißt an das ungeschriebene Dogma der Moderne rühren. Es heißt an sein Fundament rühren. Birst es, so ist nichts mehr da, das es hält.

Prüfen Sie einmal irgendeine der herrschenden politischen oder philosophischen Bewegungen in der Welt – und stünden sie in schroffster Gegnerschaft zueinander –: an einem bestimmten Punkte stoßen sie immer auf die gleiche Voraussetzung, nämlich daß der *Mensch das Maß aller Dinge* sei. In diesem Kardinalpunkt besteht Übereinstimmung zwischen den Humanitätsidealen der westlichen Halbkugel und den sozialistischen wie faschistischen Ideologien der östlichen. Und die aufkommende Neigung für indische und chinesische Weisheitslehren im östlichen wie im westlichen Völkerraum bestätigen diese Erscheinung. Denn die asiatischen Hochreligionen haben im Kult des durch sich selbst erleuchteten Menschen ihre Stärke. Beobachten Sie, es ist überall, sei es in der politischen oder in der metaphysischen Menschheitsbewegung eben dieser »das Maß gebende« mächtige Mensch. Es ist der Mensch, der aus der Kraft seines Geistes dem Chaos entgegentritt mit dem Anspruch des Herrn der Erde. Diesem Dogma gegenüber vom »Menschen als Maß« stelle ich die mehr als ketzerische Frage: Illusion oder nicht?

Ich meine, Dostojewski habe es gesagt, so oder ähnlich, daß die Träne eines einzigen unschuldigen Kindes genüge, den ganzen Weltlauf ins Unrecht zu setzen. Wieviel tausendmal ist dieser Weltlauf schon ins Unrecht gesetzt worden! Ja, diese Tränen der Unschuldigen sind nirgends anders vergossen als in der Gottesleere dieses Weltlaufs. Sind diese Tränen ja doch die Tränen des preisgegebenen, des verlorengehenden Ebenbildes Gottes.

Diese satanische Willkürmacht, hilflos und feige »Zufall« genannt, die da mit ihren Blitzschlägen wahllos dazwischenfährt, die heilige »Archie« Gottes über den Menschenkindern unaufhörlich mit der An-Archie der Hölle durchschütternd! Diese sinnlosen Schicksalsabläufe, jäh zerschmettert, von irgendeinem blutigen Sumpfe lautlos verschluckt! Und nicht eine Blase mehr steigt da über der Stelle auf, wo er versank, und sagt: es war ein Mensch.

Es gehört zum Edelsten am Menschen, daß er nach dem Sinn fragt. Daß er eine Bestimmung habe in die Ewigkeit hinein, ist in ihm bis in den Todeskampf hinein noch als letzter Gedanke mächtig.

Je älter ich werde, je schwieriger die Lagen, denen ich mich im Leben gegenübersah – die Gewißheit, daß *Bewährung* der Sinn sei, hat sich mir merkwürdig bestätigt. Die Erde, der Läuterungsberg, einem jeden auf ihr Geborenen dazu gesetzt. Und der Lebenslauf der Prüfungslauf über den Berg hinweg.

Aber da ist ein Knoten drin, mit dem ich nicht fertig werde. Er macht auch diesen Sinn wieder dunkel. Es ist das Widerfahrnis des untragbaren Leides. Immer wieder bekommt es der Seelsorger mit ihm zu tun. Es sind die Fälle, in denen ihm nur das Verstummen bleibt, ist ihm nicht das Geschenk der Tränen zuteil geworden, des Weinens mit dem Weinenden. Solches Leid vergewaltigt Zahllose zu Verzagenden, darunter wirklich Starke. Es gibt das einfach, Versuchungen, die über die Kraft gehen. In deren übermenschlicher Begegnung Ungezählte in Gotteslästerung oder Selbstmord enden. Wer das nicht weiß, der weiß nicht um die Wirklichkeit des Menschen. Christus, der wußte, »was im Menschen ist«, spricht von einer Drangsal, in der selbst die Auserwählten nicht bestehen können. Ich habe in diesen Zeiten die Bitte im Vaterunser ganz neu hören gelernt: »Und führe uns nicht in Versuchung.« Und neu beten gelernt mit scheuem Schauer vor der Preisgegebenheit des Menschen in der Welt ohne Gott.

Oder würden Sie die Meinung wagen, die Verzagenden seien die Schuldigen? Wer will da den Stein aufheben? Können Sie für sich bürgen, daß Sie nicht auch stumpf, verbittert, schwermütig oder furchtbarer Taten fähig geworden wären, hätten Sie in der brennenden Haut jener sich zu Grabe tragen müssen? Ich nicht.

Auch unser Schuldbegriff zerbricht angesichts dieser Dinge. Es ist ja heute nicht nur das untragbare Leid Einzelner. Es ist das Leid der Massen, ganzer Schichten und Völker, die aufs Rad geflochten und darauf zerrissen werden; nicht wegen eines persönlichen Verbrechens, sondern weil es ihr Los war, als Christen, Juden oder Kulaken geboren, als Priester, Arbeiter oder Offiziere erzogen worden zu sein. Eben darin, in dieser Frage: »Ist ›Schicksal‹ eine Schuld?« sitzt die Folterung der Seele, deren Frage nach dem Sinn sich nicht lösen läßt von ihrem Hunger und Durst nach »der« Gerechtigkeit. Denn die Frage nach dem Sinn ist eine durch und durch praktische, ist keine Denk-, sondern Lebensfrage.

Sie wissen ja, welche Bedeutung das Erdbeben von Lissabon für das Weltbild der Aufklärung hatte. Daß es das gab, diese Tatsache ließ ihr Weltbild zu Trümmern gehen. Eine neue Erfahrung der Wirklichkeit war gemacht.

Aber jenes Erdbeben war ja nur ein Kinderspiel im Vergleich zu dem, was Weltrevolution und Weltkrieg über die Menschheit brachten. Und zwar – lassen Sie uns dieses von Grund auf neue Faktum beachten: von *Menschenhand*.

Im Menschen taucht etwas auf, ungleich gefährlicher als das Mächtigste, was damals bekannt war, die Naturgewalt. Und das scheint mir der springende Punkt. In jener für unsere Seelengeschichte so bedeutsamen Naturkatastrophe war ein *Außermenschliches*, in dessen Gestalt Gottesleere und Sinnverlust sich zum erstenmal mitten in einer Welt andeuteten, deren Ordnungsbild bislang für unverbrüchlich gegolten hatte. Dennoch bestand hier immer noch die Möglichkeit, in frommem Schauder das von draußen in die Welt Hereingebrochene aus der Hand des unbegreiflichen Gottes zu nehmen. Noch war der alttestamentliche Spruch anwendbar: »Wo geschieht ein Unglück in der Stadt, das nicht von Gott käme?« Heute kann die ehrliche Frage nur so lauten: »Wo geschieht ein Unglück in der Welt, das nicht vom *Menschen* käme?«

Bitte, prüfen Sie einmal das Heer der Leiden durch! Hunger, Seuchen, Entblößung, Menschenraub, Plünderung, Besetzung, Massenverschleppung, Massenschändung, Massenaustreibung, Massenhinrichtung, die »versengte Erde« – steht nicht überall die Urheberschaft des Menschen dahinter? Sind Krieg und Revolution nicht ganz eigentlich Urhebungen des Menschen?

Die Erde ist ein einziges weitgeöffnetes Maul geworden, aus dem Abels Blut nach Sühne schreit. Aufschrei gegen Kain, den *Menschen*bruder. Der Mensch – das Maß? Nein, der Mensch – das Unmaß! Der Mensch der grundsätzlich Vermessene. Sind wir doch glücklich so weit, mit dem erbrochenen Geheimnis der kosmischen Energie diesen herrlichen

Stern, die Mitte des Lebens im All, den Sitz des Ebenbildes Gottes, vernichten zu können.

Seltsam, während alle Lüfte tönen von Humanität und Apotheosen des Menschen, bricht durch den
Menschen hindurch, bricht durch diesen vergotteten
Menschen hindurch eine anarchistische Flut von Zer-
störungsmächten in den Kosmos herauf, in den Ge-
schichtsraum hinein.

Ein Ereignis, das uns auf der ganzen Linie vor das
Geheimnis einer unbekannten, unbewältigten, durch
und durch rätselvollen Wirklichkeit stellt. Es ist die
wahre Wirklichkeit der Welt!   [1946]

4.

Die Logik
des Sprunges

7. Brief (1937)

Sie sind damit allerdings im Irrtum, wenn Sie meinen, daß mich dieser Weg nun direkt zum Glauben geführt hätte. Ganz und gar nicht!

Ich bin aus dem Krieg als Antichrist zurückgekommen. Ich bin das eine ganze Zeitlang nach dem Kriege gewesen. Und zwar als einer, der mit Christus kämpfte. Denn erst, wenn dieser wirklich besiegt, wenn dieser wirklich tot war, der Christus, nicht die Kirche und nicht die Christenheit, die sich ja beide ohnehin in den letzten Zuckungen zu winden schienen, dann war der Weg offen. Ich vergesse nie, wie mir damals eine Frau die bitterste Kränkung, die mich überhaupt treffen konnte, zufügte, als sie plötzlich und ganz unvermittelt in unser Gespräch hineinrief: »Du wirst noch einmal ein Christuskämpfer werden!«

Was ich Ihnen damit sagen möchte, ist: Wie wenig an dem Willen eines Mannes liegt, wie unberechenbar, gewalttätig, sinnlos und zugleich zwangsläufig die Fäden zum Schicksalsteppich sich verweben, und wie man schließlich nach Jahr und Tag einmal erkennt, daß sich aus dem wahllosen Gewürfel von Flecken und Linien das Muster zu bilden beginnt, aus dessen erstem Anheben man künftigen Sinn und Schönheit erst erahnen kann. Ich wurde – schließlich schon über die Grenze der Dreißiger um einige Jahre hinaus – Pfarrer und hierher in dieses einsame Dorf des hessischen Burgwaldes verschlagen. Erst heute, nachdem wiederum mehr als ein Jahrzehnt verflossen ist, dämmert mir auf, was ich hier gefunden habe. Wenn ich es auch nicht wollte, ich muß mir gestehen, daß ich hier von diesem Christusgesicht wieder etwas gesehen habe. Und daß ich es nicht einer sogenannten Bekehrung, sondern ganz allein diesem »Gesehenhaben«, ganz ähnlich, wie der Evangelist Johannes auch sagt: »Wir haben ihn gesehen«, verdanke, daß ich ein Christ bin, und trotz allem, ja, trotz meiner selbst, es bleibe.

Wie das aber zuging, darüber schulde ich Ihnen freilich genauere Kunde. Ich möchte Ihnen das am Donnerstag am liebsten persönlich erzählen. [1937]

8. Brief (1937)

Wie schön, lieber Freund, war letzter Donnerstagabend! Ich hatte so ein befriedigendes Gefühl, als Sie uns verließen und wir spät miteinander unter dem winterlichen Sternenhimmel vor dem Hause standen und Sie in Ihren kleinen Wagen stiegen und davonfuhren. Ich hatte das Gefühl, daß Sie das Bescheidene, das ich Ihnen sagen konnte, auch angenommen hatten. Wie selten ist es heute, daß es noch einer aufbringt, dem anderen wirklich zuzuhören! Und daß Sie das konnten, macht Sie mir von neuem wert. Ich verspürte es, daß Ihre Frage nach Gott wirklich echt ist, weil sie nach einer Antwort ausschaute und diese Antwort auch da sich gegeben sein ließ, wo man sie eigentlich nicht gesucht hatte. Bei wievielen Menschen heute ist sie keine echte Frage mehr, weil sie die Antwort heimlich schon mitgebracht haben. Sie suchen nur eine Bestätigung zu finden für das von ihnen heimlich Erwünschte, eine Bestätigung für das, was im Grunde eine Täuschung ist, aus der heraus wir jene herbe, männliche Enttäuschung ablehnen, die zwar nicht unseren kleinen, menschlichen Wahrheiten, um so gewisser aber immer der einen großen, göttlichen Wahrheit vorangeht. Daß Sie einfältig genug waren, diesen schlichten Beispielen auf sich einen Eindruck zu verstatten, macht mir Lust, ihnen noch einiges hinzuzufügen.

Und doch, wenn ich mich jetzt anschicke, es niederzuschreiben, verspüre ich eine seltsame Hemmung. Es ist natürlich einmal die Hemmung, von dem, was man mit anderen Menschen zusammen in den großen Entscheidungsaugenblicken des Daseins erlebt hat, etwas zu sagen. Ich werde auch diesmal, wie ich es am Donnerstag tat, als Sie hier waren, diese Erlebnisse ihrer besonderen Merkzeichen entkleidet und ganz und gar nur als hilfreiches Beispiel erzählen.

Im übrigen hat es ja auch seinen Sinn, daß wir Zeugen sind. Denn im Glauben des Christen geht es ja gar nicht um eine Weltanschauung, um irgendeine Religions- oder Morallehre, sondern es geht um etwas, das sich nur bezeugen läßt und immer wieder nur bezeugen läßt, nämlich um *Geschehenes.* Der Zeuge bezeugt: das und das ist geschehen, ich bin des Zeuge. Ich bin Zeuge dafür, daß auf diesem und diesem Menschengesicht das Christus-Antlitz sich abgezeichnet hat. Ich bin Zeuge dafür, daß in dieser und dieser Stunde dieser und dieser Mensch mitten in seinem Sterben drin gesungen hat, usw. Aber immer Zeuge, daß dies und dies dann und dann bei genau dem mit diesem bestimmten Namen in diesem bestimmten Hause *geschah.*

Und nun merke ich, daß ich Ihnen überhaupt noch nichts erzählt habe. Ich schicke dennoch den Brief weg, denn ich weiß, Sie warten. Aber ich verspreche nun auch, um so ausgiebiger bald das Versäumte nachzuholen.   [1937]

[1968]   Damals brachte ich mein Christgewordensein mit einem »Gesehenhaben« in Zusammenhang. Ich weiß, es ist alles andere als ein Beweis. Es ist nicht einmal eine Begründung. Aus welchem Grunde es jedermann unbenommen bleibt, ein solches Zeugnis abzulehnen.

Wahrscheinlich gibt sich mir in dieser Situation eine Wahrheit zu erkennen, die ich damals mehr ahnte als wußte. Nämlich dies, daß man letzten Endes keinen Grund dafür angeben kann, warum man ein Christ ist. Einige solcher Dinge gibt es, die da sind, ohne daß man ihren Grund angeben kann. Man ist in ihnen auf die nackte Existenz gewiesen. Sie sind – jenseits von Grund und Nichtgrund – eine fatale Position.

Was ist das: »Existenzvertiefung«? Es ist Leidenschaft in einem Raum, der durch eine unsichtbare Kraft geordnet ist: Christus. Leidenschaft des Denkens, Handelns, Liebens und Hassens, Leidens und Hoffens. Existenzvertiefung ist Leidenschaft, ein Mensch zu sein, ausgelöst durch dieses Nichtsichtbare, zugleich Schwerkraft und Hubkraft, Fliehkraft und Zugkraft.

Damit ist gesagt, daß es auf jenes »Warum« keine bündige Antwort gibt.

Liebe weiß nie »warum«. Sie ist einfach da. Es *ist* einfach so. Kein Grund, kein Zweck, kein Sinn. Liebe ist eher eine große Verlegenheit. Sie *ist,* obwohl ohne Zweck, obwohl ohne Sinn. Sie ist »trotzdem«. Sie ist, obwohl mit

Leiden verbunden, dennoch! Sie ist ganz und gar Existenz: darin halte ich stand, dadurch bin ich.

Mit Ich beginnt es. Das ist intelligibles Gesetz. Und mit Welt endet es. Das ist offenbart. Und dazwischen, zwischen Ich und Welt, geschieht die »Rettung«, geschieht das Heil. Heil an der Person, an der Gesellschaft, an der ganzen Kreatur, der toten und der lebendigen.

Wer es faßt, der fasse es. Wer nicht, der lasse es. Er ist frei.

Mir scheint, daß jene Briefe von damals eben aus dieser dumpf gespürten Situation hervorgegangen sind: Sie umschrieben mehr stammelnd als redend ein Vorgegebenes, das in der Welt besteht, aber seinen Bestand nicht von ihr hat. Dann wäre jenes »Gesehenhaben« einer »Marke« gleich, die an der Oberfläche ein Geschehen signalisiert, das »festzustellen« uns entzogen ist. Es sind nur »Beispiele«, mit denen ich die »Sache selbst« umkreisen muß. Niemand ist gezwungen, sie zu »glauben«. Glauben bleibt auch hier der Akt der Freiheit, der seine Schöpfungskraft erst hintennach zeigt. Er muß ohne Vorbehalt gewagt werden. Ist er doch nicht weniger als das Glauben an Christus selbst.

Meinen Leser möchte ich nicht im Zweifel lassen, daß das »Ereignis Christus« der Angelpunkt jener Briefe war und daß er es geblieben ist bis zum Augenblick, da diese Zwischenrede dreißig Jahre danach hinzugetan wird. Ich möchte das ganz ausdrücklich sagen: im Vorrang vor allen Aktualitäten des menschlichen Tages, wie Friedenskampagnen, Antirassismus, Weltsolidarität, Sozialethik, Humanität. Das tun die Atheisten. Wir können in der Moralität nur sehr bescheiden uns hintenan ins Glied stellen. Dies alles geht ohne das Ereignis Christus.

Wenn überhaupt das Ereignis Christus uns etwas *darüber hinaus* zu sagen hat, dann ist jetzt der Zeitpunkt gekommen, das zu tun. Darüber hinaus! Das ist der springende Punkt, den wir ins Visier bringen müssen. Sonst ist es besser, wir werden ehrliche Atheisten jenseits dieses

Ereignisses. Gründe liegen am Straßenrande in Haufen bereit.

Das Ereignis Christus, das zugleich in der Welt *und* außer der Welt ist, von welchem »Und« die Unruhe und Spannung herrührt, der Einbruch in die »Alte Welt« und der Aufbruch aus ihr, nicht in eine neue Entwicklung, sondern radikal in eine neue zweite Schöpfung.

Dies ist der Horizont, in dem jenes Geschehen stattfindet. Es ist der Horizont, in dem Beweise irgendwelcher Art nicht mehr gelten, weder Tat- noch Denkbeweise. Nächstenliebe, heiligmäßiges Leben, Martyrium gelten nicht mehr. Sie gibt es überall, in allen Lagern, religiösen und erst recht politischen. Das zählt nicht mehr. Die Säkularität hat alle diese Valuten von einst entwertet.

Das Christusantlitz auf dem Gesicht von Sterbenden hat mit alldem nichts zu tun. So erscheint es in der Welt: auf dem ungebärdigen Fleisch, von Leidenschaften und Krankheiten gezeichnet und vom Geruch der Verwesung überflogen.

9. Brief (1937)

Lassen Sie mich heute nun gleich zur Sache kommen. Vor einiger Zeit erkrankte einer unserer ältesten Bauern. Merkwürdigerweise wissen sie ja fast immer, wenn sie sterben wollen, und sagen das auch. Meine Frau ging, da ich gerade verreist war, zu ihm nach Haus, um ihm zu sagen, daß ich bald wieder zurückkommen würde. Sie schrieb mir dann: »Glaube nicht, daß N. liegt, er sitzt aufrecht in einem hohen alten Lehnstuhl. Aber sein Gesicht erkennst Du nicht wieder, und doch ist es das seine, aber schön, groß, mit strahlendem Auge.« – Sein Leben war, wie meistens bei unseren Waldbauern, hart gewesen, und auch

sonst hatte mancherlei Schicksal- und Charakterbe-
schwernis seine Seele und damit auch sein Antlitz mit
jener Bitternis getränkt, die sein von Natur schönes
Gesicht mit dem anderen der kleinen Menschensorge
überdeckt hatte. So kannten wir ihn. Ich wußte wohl,
wie sehr er gegen dieses »Weltliche«, wie er es nann-
te, in sich kämpfte. Nun aber war ich doch, wie ich
zu ihm in die Stube trat und er in seinem hohen Bau-
ernbette saß, überrascht. Es war jetzt dieses andere
Gesicht gefallen. Ich hatte eine solche körperliche, ja,
geradezu physische Veränderung mit dem Antlitz
eines Menschen noch nicht erlebt. Und ich kann dies
sagen, da ich ihn gerade besonders genau und besonders lange kannte. Sein Gesicht war nicht etwa zu-
sammengefallen, sondern genau das Gegenteil. Das
sonst durch den Zug der Bitterkeit gezeichnete Gesicht mit scharfer Nase war plötzlich fleischig und
mächtig geworden. Es hatte sich »entfaltet« im wahr-
sten Sinne des Wortes, und seine Nase stand jetzt mit
Kühnheit und Freiheit, ja Geistigkeit in diesem Antlitz. Es war hier auf eine Knospe, die mehr als siebzig
Jahre wie unter langem Frost eingetrocknet schien,
ein Strahl gefallen und hatte sie erschlossen. Den
Schlüssel zu dieser Verwandlung, die er natürlich
selbst gar nicht bemerkte, gaben seine eigenen Worte.
Ich kann hier nicht berichten, was er bei meinen wiederholten Besuchen mir noch sagte. Ich will nur das
eine sagen, was er bei meinem ersten Besuch als sein
erstes Wort zu mir sagte und was scheinbar im offenen Gegensatz zu dieser Verklärung auf seinem Antlitz stand, das ganze Geheimnis aber dieser Verklärung in sich barg. »Ich weiß, Herr Pfarrer«, und dabei
machte er eine herrscherliche Bewegung der Abwei-
sung mit seiner Hand, mit der er draußen das Reden

der Leute, mit der er das ganze Dorf und sein ganzes Leben, seinen Hof und sein Werk hinter sich tat, und zwar mit einer, keinen Widerspruch duldenden Hoheit: »Ich weiß«, sagte er, »daß ich ein armer Sünder bin.« Es war so, als habe sich jetzt, bei diesem Worte, sein Horizont geweitet; als habe er in dieser Weite Dinge gesichtet, wie sie uns anderen verborgen waren und die ihm jetzt übermannend das Maß seiner Kleinheit gaben. Bei meinen weiteren Besuchen drehte sich sein Reden ganz eindeutig um diesen einen Punkt und um sonst nichts. Daß er sich in dieser Enderfahrung seines Lebens, die der alte Prophet mit den Worten schildert: »Weh mir, ich vergehe!«, in dem einigen Herren Christus stark, geborgen und als Obsiegender wußte. Hier saß das Geheimnis seines verklärten Antlitzes.

Es gehört schon allerhand dazu, die Bezeugungen eines zum Sterben sich schickenden Menschen auf Grund seiner eigenen Weisheitsfündlein fern vom Schusse für nichtig zu erklären. Diese Leute kennen ja alle nur das Totenantlitz, und das ja meistens auch nur noch aus Büchern oder von Gipsmasken. Es gibt keinen größeren Unterschied als das Antlitz des schon Gestorbenen und das Antlitz des Sterbenden; ich muß jetzt hier sagen, das Antlitz des sterbenden Christen. Die Majestät des Todes zeichnet keineswegs jedes Totenantlitz. Unzählige Menschen versinken in Wirrnis und Nacht, und ihr Totengesicht ist nur noch eine erloschene Schlacke, ja, oft noch mit ganz anderen Zeichen des Grauens bedeckt! Aber das, was das Antlitz des sterbenden Christen um eine ganze Welt über die Majestät des Todes erhebt, ist die Majestät des Lebens, ist die »Doxa« Gottes, wie es im Evangelium heißt: das Licht der Christusglorie.

Es ist, wenn auch überschattet von Finsternissen des Todeskampfes, von Lohen des Schmerzes überflammt, die aus dem gepeinigten Leibe hervorbrechen, so doch in den Sekunden, in denen es aufglänzt, unvergeßlich.

[1968] Es gehörte damals zur antichristlichen Propaganda des Nationalsozialismus, den Glauben der Christen verächtlich zu machen. Von »Sünde« und »Buße« zu sprechen, galt als Entwürdigung des Menschen. Die Welt war kein »Jammertal«, so hieß es.

Der Nationalsozialismus glaubte sich im Begriff, den »neuen Menschen« zu schaffen und ihn dem »Paradies« entgegenzuführen. Es war in ihm ein schwärmerisch-chiliastisches Element am Werke, das nicht vergeblich seine Wirkung auf eine idealistische Jugend tat. Für den Christen ist Idealismus Selbstbetrug zwischen Utopismus und Nihilismus, heute nicht anders wie damals.

Dem christlichen Glauben eignet ein herber Realismus. Zu seiner Wahrheit gehört, den Menschen zu sehen, wie er ist. Gerade im Erkennen seines Elends steckt etwas von der eigentümlichen Größe des Menschen. Solches Erkennen setzt Abstandnehmen-Können voraus, Abstand von sich selbst und von der Welt. Der Christ hat ein Gegenüber. Über dieses Gegenüber kann er Abstand gewinnen von sich selbst. Im Abstand erkennt er den Optimismus als »fromme Unehrlichkeit« (T. S. Eliot). Von sich als »Sünder« zu wissen, ist als Gabe der Distanz der höchste Akt der Freiheit, dessen der Mensch fähig ist. So weit muß er in Abstand von sich gehen, wie Gott in Abstand von ihm ist. Er muß sich mit den Augen Gottes sehen, um sich, wie auf der Seite Gottes stehend, als Sünder zu erkennen. Das ist ein Akt der Souveränität, diese Distanz von sich selbst. Weil souverän, ist dieser Akt zugleich ein Urakt der Selbstverwirklichung.

In diesem Nein, das ich zu mir selbst spreche, ist ein verborgenes Ja am Werke. Indem ich mich zu meiner Wirklichkeit bekenne, empfange ich mich als Person zurück. Es ist zu fragen, ob der moderne Identitätsschwund nicht mit dem Auslassen dieser meiner Wirklichkeit zusammenhängt: ich will nicht der sein, der ich bin. Ich lüge, und schon zerfällt meine Identität. So wird mir auch noch genommen, was ich habe.

Das alles kann mit der Sündenerkenntnis nur so sein, weil in ihr schon Aufhebung meiner Vergangenheit am Werke ist. Vergebung ist ein Schöpfungsakt, der das Vergangene entschafft und Raum macht für das »Leben«, das im Glaubensbekenntnis, in seinem dritten Artikel, unmittelbar hinter der Vergebung kommt und »ewiges« heißt. Entschaffung der »Alten Dinge«. Das Alte ist »vergangen«, sagt Paulus, also nicht mehr da. Und zugleich Schöpfung der neuen. Das geht zusammen, ist ein und derselbe Akt. In der Einheit beider Akte bleibt die Kontinuität bewahrt. Es läßt sich nicht anders ausdrücken. Hier hat Sprache ihre Grenze. Es ist Wandlung und zugleich Neuung. Es geht ja durch das »Feuer« hindurch. Keine Entwicklung ohne Schöpfung. Entwicklung ist der Teil an der Schöpfung, den man wahrnimmt. Schöpfung ist unserem Wahrnehmen entzogen. Nur als Leerstelle erscheint sie in der Entwicklung, die einmal enden kann. Auch der Wärmetod ist eine Möglichkeit des physikalischen Kosmos.

Der Schöpfer ist der Bürge für unendlich viele Schöpfungsentwürfe. Der Entschaffung der einen Welt steht die Möglichkeit von Myriaden anderer gegenüber. Deshalb können »Himmel und Erde vergehen«. Das kann sich der Schöpfer leisten, dem das »Ewige Wort« zu Gebote steht, der dieses Wort selbst ist. Mit ihm kann sich der Christ – so könnte man sagen – diesen »Pessimismus« leisten.

Fortsetzung 9. Brief

Ich muß Ihnen noch ein anderes Erlebnis erzählen, das ich ganz am Anfang meiner Amtszeit hier
hatte und dem ich jetzt im Abstand davon über alles
andere hinaus Bedeutung zumesse. Wenn es überhaupt möglich ist, in diesen Dingen Zeitpunkte anzu-
geben, so möchte ich sagen, daß ich wahrscheinlich
damals angefangen habe, besser, daß ich angefangen
worden bin, ein Christ zu werden.

Ich wurde plötzlich eines Nachmittags in ein ent-
ferntes Dorf gerufen, um dort einem alten Manne das
Sterbeabendmahl zu geben. Es ist nämlich hier noch
vielfach Sitte in unserem evangelischen Bauernlande,
daß die Sterbenden, wenn sie dazu noch in der Lage
sind, das Abendmahl verlangen. Und dieser Alte war
dazu noch in der Lage. Obwohl schon über die acht-
zig, war er unversehrten Geistes und ohne Krankheit. Man mußte nur ein wenig lauter sprechen, um
von ihm verstanden zu werden. Und er legte auf dieses Verstehen durchaus Wert. So hatte er sich gelegt,
gesund an Leib und Seele, um zu sterben. Er ließ mir
das auch sagen: er wolle jetzt sterben. Ich nahm ein
Auto und fuhr sofort hin. Ich zog in einer Nebenstu-
be den Talar an und trat dann durch die Türe mit
Kelch und Brot in der Hand in das Sterbezimmer. Der
Anblick, den ich jetzt hatte, war so unerwartet, wie
er für mich in meiner damaligen Verfassung nur sein
konnte. Der Alte, der gekrümmt an seine Kissen gelehnt im Bett saß, richtete sich auf und wandte mir
ganz langsam den Kopf zu. Dieser aber strahlte in
einem Glanze, als wollte er sagen: »Du bist ein Engel!« So strahlte das große blaue Auge mir entgegen.
Damals begann es mir zu dämmern, was es mit mei-

nem Berufe auf sich haben könne, der mich schwer drückte. Ja, es dämmerte mir auf, was es heiße, ein Christ zu sein. Nicht an mir, sondern an ihm. An dieser Verklärung, in der sich auf eines Menschen Gesicht, das vor Alter schon krustig war, für einen Augenblick das Christusantlitz abgezeichnet hatte. Nachdem er die Beichtfragen beantwortet hatte, sprach er kein Wort mehr und fiel alsbald nach Empfang der Sakramente in eine mich befremdende Unnahbarkeit zurück. Eine halbe Stunde darauf war er tot. [1937]

[1968] Ich bin mir der ganzen Schwäche bewußt, die solche Beispiele haben müssen. Es ist nicht die Sache selbst. Es weist nur auf sie hin. Es ist eine Art Blickführung, eine Möglichkeit zu sehen. So »zum Beispiel«! Das Beispiel fordert mich auf, es zu probieren, »so« zu sehen. Es ist das nicht nur ein geistreiches Zitat, es gibt wirklich Dinge zwischen Himmel und Erde, von denen »sich unsere Schulweisheit nichts träumen läßt«. Das ist eine menschliche Urerfahrung. Und so ganz »Einbildung« ist es nun doch nicht. Einen Menschen, den ich sehe, der muß vor mir stehen. Zum Gesehen-Haben gehört einer, der gesehen ist. Was da geschieht, das geschieht zwischen Personen. Da ist ein Objektives, das im Subjektiven aufgehoben und dadurch gegen jede Forderung eines Beweises abgeschirmt ist.

Bei Theodor Fontane fand ich den Satz: »Nur das Unwirkliche macht den Wert und ist das eigentlich Reale.« Die ganze Ohnmacht und Verzweiflung des Menschen spricht aus diesem Satz, der in seinem Menschsein sich verraten sieht von einer Welt, in der nur noch wissenschaftlich Bewiesenes Realitätswert hat. Die Verfälschung des Bewußtseins durch den absoluten Anspruch, den die Wissenschaft auf die Wirklichkeitserkenntnis erhebt, ist mehr als eine schreckliche Vereinfachung. Sie zerstört die Menschlichkeit des Menschen, indem sie ausläßt, was ihn einen Menschen sein läßt. Der Physiker kann nur Physikalisches erkennen und der Biologe Biologisches. Mit ihrem intellektuellen Anspruch auf die Wahrheit schlechthin rauben sie dem Menschen – mit Sartre zu sprechen – das Universum. Der blinde Fleck in seinem Sehzentrum wird immer größer und größer. Auch das ist eine der Kehrseiten des »Fortschritts«. Weder Verstand noch Gefühl schließen jene Wirklichkeit auf, aus der heraus der Mensch seine Bestimmung findet. Er muß sein Herz in beide Hände nehmen und seine ganze Existenz wagen auf ein Wort, das ihm – mit der ganzen Zufälligkeit des geschichtlichen Ereignisses – zugerufen ist. Eben das ist es, worum der Christ weiß, wenn er das Evangelium glaubt.

Dem Zufälligen jenes Ereignisses entspricht das Fragwürdige dieses Sehens des Christusantlitzes. Es besteht keine andere Möglichkeit, von ihm zu sprechen, als sein Absurdum, einem Gewaltakt gleich, hineinzustoßen in das Verplanungssystem aus meßbaren Größen, zu dem wir unsere Welt zurechtgeschnitten haben. Es ist ein Einbruch, die einsinnige Welt heilsam zerstörend, weil es Widersprüche sichtbar macht, die nicht aufgelöst werden können.

»Dies Ding ist dies Ding und sonst nichts.« Es ist die Philosophie der auf den nackten Punkt zusammengeschrumpften schieren Dinglichkeit. Die Vereinfachung ist am Ziel: der operablen Welt.

In dieser einsinnigen Optik der Dinge steht das »Sehen des Christusantlitzes« in der Ohnmacht der Beweislosigkeit. Anders kann die ausgelassene Wirklichkeit, die nur geglaubt werden kann, in dieser von der Idee her verformten Weltsicht nicht da sein. Das Absurde ist. Das genügt. Das Sehen des Christusantlitzes kann nur bezeugt werden unter dem Widerspruch des eindimensionalen Denkens. Gerade der enge Blickwinkel des rationalen Denkzuschnittes ist es, der jenem Sehen das Gewicht des Ausgelassenen auf indirektem Wege wieder zukommen läßt. Es gibt dies, das spiritualiter animadvertere: das geistliche Wahrnehmen des Nichtsichtbaren im Sichtbaren. Die opake Dinglichkeit kann durchscheinend werden. Die Dinge haben eine Durchlässigkeit nach jener »anderen Dimension« hin. Sie haben sie? Sie *können* sie haben. Hier ist nicht die Notwendigkeit, sondern die Möglichkeit die Kategorie, die der anderen Dimension, dem Reich der Gnade, entspricht.

Auch hier herrscht eine Logik, wie auch die Liebe und die Freiheit eine Logik, un ordre du cœur (Pascal) haben. Man kann nur an Beispielen klarmachen, was das meint. Es ist eine Logik in Sätzen wie diesen: »Wer sein Leben sucht, der wird es verlieren.« Oder: »Wer da hat, dem wird gegeben.« Es ist nicht die Logik des Paradoxen. Es ist die Logik des Sprunges, der den Abstand voraussetzt und ihn zugleich überwindet, eben im Sprunge. Es ist eine Logik, die nicht durch Schließen im Denkakt, sondern die nur im Existieren selbst sich vollzieht, richtiger – an uns vollzogen wird, sofern wir Glaubende sind. Wir rühren hier an ein Besonderes des christlichen Glaubens.

10. Brief (1937)

Sie werden nun ahnen, was ich hier in meinem Hinterwalde alles gelernt habe. Es ist mehr, als was ich in den fünfzehn Jahren meines Studiums in mehr als einer Fakultät studierte. Hier hat überhaupt erst die hohe Schule der »theologia« für mich begonnen. So habe ich wiederholt beobachtet, wie enggezogen die Grenze der Predigt ist, wieviel aber gerade in jenen Stunden, in denen es drauf und dran geht, wieviel hier das geprägte Wort, das ist der Spruch und das Lied, vermag. Es ist mir sogar einmal passiert, daß mich einer auf seinem Krankenbett zur Sache rief, d. h. eben zum Spruch, indem er meine »Auslegung« mit den Worten ablehnte: »Wir wollen nicht viel plappern wie die Heiden.« Es kommt bei diesen Menschen nicht darauf an, daß sie das Evangelium *verstehen,* daß sie seinen Sinn begreifen oder wie Sie das nennen wollen. Sie fassen es vielmehr noch ganz in seiner Urgestalt als Geschehen, und darum wollen sie *mittun* und *sehen.* Sie nehmen es noch direkt in ihr Leben auf, nicht in ihren Verstand. Ich habe es öfter erlebt, daß Sterbende die Bibelsprüche, die man ihnen sagt, einem aus dem Munde nehmen und selbst vollenden, oder den ersten Liedervers mit dem zweiten beantworten. Es entwickelte sich also eine Art unwillkürlicher Liturgie. Hier verfängt nur, nämlich in solchen Lagen, das, was als klare, eindeutige, vorgeprägte Form sich darzubieten vermag und in der Massivität dieses Ausdruckes »greifbar« wird. Hiermit hängt natürlich die außerordentliche Kraft des Sakraments zusammen, aber darauf müssen wir noch später einmal kommen.

Was das »Sehen« anbetrifft, so hat die Anschaulichkeit der Bibelsprache, die Luther unvergleichlich getroffen hat, für den schlichten Menschen seine Bedeutung. Denn er versteht diese Anschaulichkeit als das, was sie ist, nämlich nicht als Gleichnis für eine angeblich dahinterliegende »tiefere« Wahrheit, sondern als die ganz selbstverständliche und einfache Weise, von einem wirklich Geschehenen zu reden. Ich erzählte einmal einer Städterin von dieser Notwendigkeit meiner Gemeinde, das Evangelium zu *sehen* und es von vorn bis hinten hin als eine Kette von *Ereignissen* zu betrachten, die von der Hölle bis in den Himmel und vom Paradies bis zum Weltgericht reichten. Sie hatte für solchen Glauben nur die Be-

merkung übrig, das komme ihr doch sehr »orienta-
lisch« vor! Was hier stichhaltig bleibt, ist sozusagen
das bildhafte Wort, das Wort, das man sieht. »Bild«
ist freilich hier nicht dasjenige, was der Reflektierende darunter versteht, es ist vielmehr die Sache selbst.
Es ist, besser gesagt, die einfältig ergriffene Hilfe,
Christus selbst zu sehen.

Als es mit einem anderen meiner Alten zu Ende
ging, es war ein wohlhabender und angesehener
Bauer, fragte ich ihn, ob er auch keine Angst habe,
denn es gehe ja nun durch das dunkle Tal, wie es im
23. Psalm heiße. Er war durch einen frischen Schlag-
anfall schon zur Hälfte gelähmt und seiner Sprache
nicht mehr ganz mächtig. Man hatte seine Matratze
wegen seiner Atemnot aus dem Bett gehoben und
schräg gegen die Wand gelehnt, so daß er jetzt mit
dem Rücken zur Wand in halb aufrechter Lage mehr
saß als lag. Er schüttelte energisch den Kopf, nein, er
habe keine Angst und winkte mit seinem Auge unter
mühevollem Kopfrecken nach einem kleinen Kruzi-
fixusbild, einem billigen Druck, der rechts von ihm
an der Wand hing. Der Sohn sagte mir, der Vater habe
dieses Bild noch umhängen lassen, damit er es besser
sehe. So starb der Alte, ich muß schon sagen, mit
dem Bild von Christus vor den Augen. Das ist es: den
schauen können, der Gott ist. Nicht jenseits unserer
Not, sondern mitten in ihr, in sie eingewickelt, von
ihr verschlungen, im gemarterten Fleisch der Kreatur.
Den leidenden und streitenden, den gekreuzigten
und siegenden Gott, der uns den letzten Aufschrei
vom Munde nimmt und für uns spricht: »Mein Gott,
mein Gott, warum hast du mich verlassen?« Die Bru-
derschaft Gottes mit dem fallenden Soldaten schau-
en, die Todbruderschaft dessen, der allein in solchem

Kampfe noch obsiegen kann. Ihn schauen, ja, wie der große evangelische Liederdichter sagt, ihn sterbend »fest ans Herz drücken«. Es ist die Erfahrung, die Sie aus Paul Gerhardts Schlußvers seines Passionshymnus kennen und der zahllosen Christen die Hilfe zur rettenden Glaubensschau im Angesicht des Todes geworden ist:

Erscheine mir zum Schilde,
Zum Trost in meinem Tod
Und laß mich sehn dein Bilde
In deiner Kreuzesnot.
Da will ich nach dir blicken,
Da will ich glaubensvoll
Dich fest an mein Herz drücken.
Wer so stirbt, der stirbt wohl.

Am Abend.

Es ist schon spät. Aber ich möchte noch zu Ende schreiben. Es wird nun jetzt wohl keiner mehr kommen. Mein Dorf liegt schon ganz im Dunkel. Kein Lichtlein brennt mehr unter den beschneeten Dächern. Es ist ganz still. Nur die Telegrafendrähte sirren leise in der frostklaren Nacht, aus deren unwahrscheinlicher Schwärze Myriaden von Sternen herniederfunkeln auf meine kleine Welt hinter dem großen Wald.

Heute nachmittag besuchte mich eine Frau, um ihr Enkelchen zur Taufe anzumelden. Es war vor einigen Jahren, daß sie auf den Tod krank darniederlag.

Es war einer der ernstesten Krankheitsfälle, die ich hier hatte. Lungenentzündung mit schweren Herzattacken. Die Frau schwebte wochenlang zwischen Leben und Tod und war wohl schon einige

Male über die Grenze hinübergeglitten, über die den Menschen nur das Wunder zurückholt. Heute, nach langen Jahren, zum erstenmal, erzählte sie mir, wie es damals war. Es sei ihr gewesen, als gehe sie durch einen engen, dunklen Gang; und da habe sie sich immer nur eines gesagt: »Nun nicht rechts gucken und nicht links gucken, jetzt nur immer hinter dem Herrn Christus her!« Auch hier ist etwas gesehen, und zwar mehr als ein »Bild«, nämlich Er, seine Gestalt. Es ist hier der Augenblick geschildert, wo alle Bibelsprüche, Lieder, geschweige denn aller Menschenspruch, hinter uns liegen und wo wir, wie Luther sagt, mit dem Tod allein auf die Schanze treten müssen, um mit ihm zu streiten.

Jetzt, wo ich dies schildere, wie diese Frau den Todesweg als engen Gang empfindet, fällt mir Luthers Wort ein vom Sterben des Christenmenschen, in dem er dieses ganze Erdenleben des Christen als Zeugung und Reifung einer Frucht erkennt, die durch das enge Tor des Todes hindurch erst in das volle Leben ihrer wahren Bestimmung »ausgeboren« wird.

Es ist wohl so: durch Wehen wird der Mensch in sein irdisches, ich möchte sagen – Vorleben – hineingeboren. Durch Wehen wird er in sein zweites, göttliches, in sein Hauptleben hinaus vollendet.   [1937]

[1968]   Das Wort Luthers, an das ich damals dachte, steht im »Sermon von Bereitung zum Sterben« von 1519. Es lautet so: »Und hier hebt an die schmale Pforte, der schmale Steig zum Leben, des muß sich ein jeglicher fröhlich erwägen. Denn er ist wohl fast enge, er ist aber nicht lang (Mtth. 7,14). Und geht hier zu, gleich wie ein Kind aus der kleinen Wohnung seiner Mutter Leib mit Gefahr und Ängsten geboren wird in diesen weiten Himmel und Erden, das ist, auf diese Welt: Also geht der Mensch durch die enge Pforte des Todes aus diesem Leben. Und wiewohl der Himmel und die Welt, da wir jetzt in leben, groß und weit angesehen wird, so ist es doch alles gegen den zukünftigen Himmel viel enger und kleiner, denn der Mutter Leib gegen diesen Himmel ist. Darum heißt der lieben Heiligen Sterben ein neu Geburt und ihr Fest nennt man zu Latein Natale, ein Tag ihrer Geburt. Aber der enge Gang des Todes macht, daß uns dies Leben weit und jenes enge dünkt. Darum muß man das glauben und an der leiblichen Geburt eines Kindes lernen, als Christus sagt (Joh. 16,21): ein Weib, wann es gebiert, so leidet es Angst, wann sie aber genesen ist, so gedenkt sie der Angst nimmer, dieweil ein Mensch geboren ist von ihr in die Welt. Also im Sterben auch muß man sich der Angst erwägen, und wissen, daß darnach ein großer Raum und Freud sein wird.«

Ich glaube, daß ich nicht zu viel sage: hier, dem Tode gegenüber, sind wir modernen Menschen alle in einer großen Verlegenheit. Kein Redlicher kann das verneinen. Sollten wir deshalb mit Pascals Worten dort »nicht hinsehen« wollen? Und dieser Akt wird an uns allen vollzogen. Und ist doch im ersten Anblick: Nichtung, total.

Ich weiß, was alles gegen diesen Erstblick angeführt werden kann. Und doch ist diese Erfahrung im eigenen und am Leben anderer immer die gleiche: Hier hilft, wenn überhaupt etwas, nur – wie bei Odysseus vor den Sirenen – das Fest-angebunden-Werden, damit ich mir selbst entzogen bin. Hier hilft nur das sture Glauben an den mit mir sterbenden, den mir vorausgestorbenen Gekreuzigten. Menschliche Kreatur ist nämlich sehr schwach.

Es gibt freilich auch das Beispiel anders herum, wenigstens vor Augen. Niemand hat hinter die Sterbenseinsamkeit des anderen geschaut. Ich gehöre zu den Schwachen. Aber vielleicht muß man alt werden, um die biologischen Hochs der jüngeren Jahre und ihre natürlichen Euphorien hinter sich zu bekommen. Glaube ist nicht Selbstbehauptung, sondern Hingabe an das, was mehr ist als ich war. Das heißt es: in Christus hineinsterben. Weg von mir. Sterben als das selige Lassen.

Wenn ich so mich selbst ansehe und die besten meiner Mitmenschen – nein, das kann nicht »ewig leben«, was ich da sehe. Weltmüll für den großen Verbrennungsofen ist in uns. Da muß eine Wandlung einsetzen, die einem Schöpfungsakt gleichkommt. Auch das, was hier »Mensch« war, muß ein totum novum werden, muß teilhaben an jenem Neuen, ganz und gar Anderen, das »kein Auge gesehen, kein Ohr gehört hat«. Da ist ein »Verbrennen« im »Gericht«, das ganz positiv zu fassen ist: als Befreiung, Aufhebung jenes Minus, welches das Interim der Geschichte durch die Zeiten so ausweglos macht. Gericht muß als Schöpfungsakt begriffen werden, ohne den es keinen Durchbruch zur Vollendung gibt. In der Nichtung des Todes, an der pechschwarzen Wand, die da herniederfährt, vorn die Verwesung uns zeigend, dahinter das erstickende Schweigen der Nacht zurücklassend, geschieht dann der erste Akt, der in seiner Kahlheit uns die Tiefe der schöpferischen Wandlung spüren läßt, die im Durchschritt durch die enge Pforte des Todes uns zu Gesicht kommt.

Hölderlin meinte, daß nur die »Génië« im Menschen, sein göttlicher Teil, ewig sei. Vielleicht ist das noch nicht radikal genug dem gegenüber, was im Evangelium heißt »mit Christus sterben« und eine »neue Schöpfung sein«. In der Offenbarung des Johannes ist von einem »Zweiten Tod« die Rede. Wer im »Zweiten Tod« ist, dessen Sein wird ausgelöscht. Er kann das »Reich Gottes« nicht sehen. Denn er ist nicht mehr (20,6). Er ist im »Feuer« vernichtet. Die »neue Schöpfung« begleitet eine »Entschaffung des Alten«. Der Schöpferglaube des Christen ist zu gering angesetzt, wenn wir ihn nur auf das Bewirken eines einmaligen Aktes hin, der zudem noch vergangen ist, einschränken. Im »Wort«, das bleibt, auch wenn »Himmel und Erde vergehen«, ist eine unbegrenzte Fülle von neuen Weltschöpfungen gespeichert.

5. Wo bist du, Gott?

11. Brief (1937)

Sie sagen, ich sei wohl zu beneiden, daß ich das alles so mit eigenen Augen sehen dürfe. Wo aber sollten Sie es erfahren, zwischen Ihren Steinmauern, mitten unter den modernen Massenmenschen? Das alles, so sagen Sie mir, lasse Sie selbst mit leeren Händen dastehen. Sie sähen das alles nicht und fahren mit Recht fort, daß es wie Ihnen, so auch den meisten Menschen von heute ergehe. Und daß damit für Sie die Frage von neuem dastehe: Wo bist du, Gott? Und zwar unbeantwortet. Es freut mich, daß Sie dies so eindeutig aussprechen, denn bei diesem Sehen handelt es sich um Dinge, die auch den raffiniertesten Willenskünsten entzogen sind. Durch diese eindeutige Absage haben Sie sich vor der Hauptgefahr, die dem modernen Willensmenschen droht, zunächst einmal geschützt, etwas zu wollen, was man nicht wollen kann. Hier sind für alle Techniken intellektueller Willensführung und Willenssteigerung, für alle Psychosen und Suggestionen keinerlei Zugänge. Nichts liegt hier an unserer Treiberei, alles aber an unserer Bereitschaft. Was aber diejenigen anbetrifft, in deren Gesicht sich das Christusantlitz abzeichnet, so ist dies in noch viel höherem Maße dem Willen entnommen. Es wird mir über Ihrer Frage klar, welche ausschlaggebende Bedeutung für mich der Umstand hatte, daß ich hier in eine Gemeinde versetzt wurde, die alles andere war als eine sogenannte Gemeinde der »Frommen«. Und darin paßte sie zu ihrem jungen Pfarrer.

Sehen Sie, ich kam ja in diese Gemeinde als junger Gelehrter, nicht weniger aufgeklärt als Sie. Glauben Sie mir, in meinem Sinn war ich wahrhaftig auf alles andere eher gerichtet als auf das »Sehen des Christusantlitzes«. Und zumal in dieser Gemeinde!

Es war eine Gemeinde von ganz gewöhnlichen Menschen, die sich vielleicht von dem, was wir in der Stadt an Menschen kennen, nur dadurch unterschied, daß sie Menschen waren mit ungebrochenen Kräften und Instinkten und ihren Leidenschaften und Trieben hilfloser ausgeliefert waren als der nach außen hin so disziplinierte Mensch der heutigen Zivilisation. Mein Eindruck, den ich im Anfang hatte und der mich hier vor allem heimisch werden ließ, war, daß es echte Menschen waren mit aller Abgründigkeit der Kreatur. Darüber hinaus aber war in ihnen der Erbstrom der Christgläubigkeit der Väter noch nicht versiegt. In jenem unterschwelligen Reich, in das die Kräuselungen des Willens und des Intellekts und überhaupt der Bewußtheit nicht hinabreichen, floß dieser Strom noch und bewässerte die Wurzeln. Ich möchte sagen, sie waren Heiden, wie es im Evangelium heißt, die an Christus »waren gläubig worden«. Daß gerade hier auf diesem dunklen, ungebärdigen, starken und echten Fleische Christus aufleuchtete, das war das Ausschlaggebende. Es steht mir da immer, wenn ich gerade an diese Tatsache denke, die urkräftige Gestalt eines alten Bauern vor Augen, der vom Jähzorn und der Kraft der altgermanischen Werwölfe etwas hatte, die sich wie Berser-

ker binden lassen müssen, wenn die Wut über sie
kommt, und die vor Kampfbegier in ihre Schilde bei-
ßen. Wenn über ihn diese Welle kam, zerkaute er in
der Wirtschaft zuerst sein Schnapsglas mit nackten
Zähnen. Es wußte dann jedermann, was nun kam,
und brachte sich in Sicherheit. Man munkelte von
ihm, daß er ein Mörder war. Derselbe Mensch aber
gehörte zu den ehrfürchtigsten Empfängern des
Abendmahls. Sooft ich es zu dem dann später sehr
Gebrechlichen ins Haus brachte, kam er mir aus der
Tür seiner Stube entgegen, um mich schon im Haus-
flur zu empfangen. Wenn ich an ihn denke, so
kommt er mir immer wie der Erdgeist dieses Landes vor.

Auf diesem dunklen Fleische also, an diesen
Menschen erschien das Christusantlitz, und zwar natürlich ohne daß sie davon wußten.   [1937]

[1968] Auf dem Dorf, so schrieb ich damals, war ich erst
in die Hohe Schule der Theologie gekommen. Warum?
Weil ich dort der Wirklichkeit menschlichen Daseins scho-
nungslos gegenübergestellt war. Hier wurden die Raffines-
sen eines weltläufigen Intellekts bloßgestellt. Sie waren
unrealistisch. Hier waren die anmaßenden Illusionen unserer politischen Idealisten nur noch Papierblumen.

Hier war noch massiv zu spüren, daß der Mensch
Kreatur ist, die zweihundert Millionen Jahre biologischen
Kosmos in sich zu verkraften hat. Der Mensch ist ganz
anders. Er ist ein »tiefer Wald«, die Mitte in einem Einzugsgebiet aus zahllosen unbetretbaren Räumen.

Immer wieder stieß ich dort auf ein Phänomen, das
sich mir erst in langem Nachdenken aufhellte. Vereinfachung erweist sich hier als Lüge. Die Wirklichkeit ist ganz
und gar nicht einfach. Die Vorväter schreckten nicht so

71

schnell vor einer solchen Schwierigkeit zurück. Immer wieder spendet sie mir Existenzerhellung, die Formel vom mysterium sub contrario: vom Gott, der sich am entgegengesetzten Ort unserer Erwartung zeigt. Der deus inversus verwirklicht im Nein sein Ja. Ich stieß auf dem Dorf auf jenes Phänomen, ohne es zunächst zu erkennen.

Der Glaube führt das Denken an das Undenkbare heran. Er läßt den Ort erkennen, wo das Denken unvollziehbar wird. Dort vermag er auszuhalten. Er läßt es sich geschehen, daß der Unerkennbare sich in der Entfremdung erkennbar macht. Er nimmt es hin, daß Christus erkennen Gott erkennen heißt. Die ersten Christen und die frühe Kirche haben mit einer Kraft diesen Gedanken erkenntnistheoretisch zu Ende gedacht, die ihresgleichen in der Geschichte nicht mehr gefunden hat. Sie heißen ihn den »Sohn« des Unerkennbaren; erkennbar in unserem Fleisch. Durch ihn hindurch, gleich einer strahlungssicheren Glaswand im Atombunker, sehen wir ihn, indem wir Christus lieben. Das ist es, den schauen können, der Gott ist, nicht jenseits unserer Not, sondern mitten in ihr, in sie eingekeilt, von ihr verschlungen, im gemarterten »Fleisch der Kreatur«. Gerade hier in dieser »Tiefe«, im Verweslichen, war er da. Hier auf der Minuslinie der »gefallenen Welt« ist es, auf der sich das Christusereignis fortpflanzt, nicht in spektakulärer Heiligkeit, sondern verdeckt, sich andeutend im »ungebärdigen Fleisch«, nicht so sehr als Willensakt einer »Nachfolge Christi«, vielmehr als ein Überwältigtwerden dessen, der kein Christ ist, vielleicht nicht einmal einer sein will und – trotzdem – einer wird und einer ist. Es war nicht das Christusantlitz, das als Heiligkeit sich zeigte, sondern das andere, das durch die Unheiligkeit wie durch Risse hindurch sich in besonderen Augenblicken bemerkbar machte.

Dieses sich Gemeinmachen des göttlichen Plus mit dem menschlichen Minus ist der Sinn des »Gott ward Mensch«. Ich habe nirgends, in keiner Philosophie, Religion oder Dichtung dieses Sich-herab-Begeben in die »untersten Örter« bezeugt gefunden wie im Evangelium. Dies ist das Ereignis des Christlichen. Ich lernte es später in der ganzen Geschichte erkennen, aber nicht im Fortschritt, nicht in der Entwicklung, nicht in Weltverbesserung, sondern in dem Minus der Katastrophen, der Ausweglosigkeit, der heimlichen Verzweiflung, in der ganzen Menschheitspassion, die der Verborgene zu seiner eigenen gemacht hat. Auf den Fortschritt hat sich die »mündige« Welt mit vereinter Kraft gestürzt, links herum oder rechts herum. Darin sind wir alle einig. Aber dort, wo die große Ohnmacht sitzt, dort hat er sich den Ort gesucht für seine Macht. Aus der Leere soll da die Fülle werden. Aus dem »Ende« aller Dinge die »Voll-Endung«. Aus dem Nichts will er schaffen. Das liebt und sucht er.

Das sah ich damals vor dreißig Jahren noch nicht so deutlich wie heute: das Christusantlitz in der »dunklen Nacht«. Nicht nur von Frieden leuchtend auf dem Gesicht von Sterbenden, sondern auch in den zerklüfteten Zügen zweifelnd-verzweifelt Lebender. Das ahnte ich wohl damals, wußte es aber nicht so, wie ich es heute weiß.

12. Brief (1937)

Nun aber, lieber Freund, werden Sie sich wundern, wenn ich Ihnen jetzt noch eine ganz andere Seite des Dorfes zeige, die auch noch da ist und die sich mit der vorher geschilderten Christlichkeit heute in einer dramatischen Weise zu überkreuzen beginnt. Was bei Ihnen in der Stadt voll auf den Halmen steht, wird hier eben ausgesät. Ich merke das daran, daß mir die Frage »Wo bist du, Gott?« bis hinter meinen Wald nachgelaufen ist! Daß sie heute wieder mitten in meinem Dorfe vor mir aufsteht, und daß ich sie im Grunde also mit Ihnen teile. Denn das, was

73

wir unter »Stadt« verstehen, zieht eben auch auf dem
Land ein. Auch das Dorf wird heute in umfassendem
Maße rationalisiert. Diese Entwicklung ist genau der
Entwicklung des modernen Verkehrs gleichgelaufen.
Die Dörfer, die an der Bahnstrecke liegen, tragen einen anderen Charakter als die, die noch nicht daran
liegen. Wie auch diejenigen Dörfer, die im Weichbild
der Großstadt liegen, noch ein weiteres Stadium der
Verstädterung darstellen, und diese »Dorfbewohner«
zum Teil schon direkt zum Typus des Großstädters
gerechnet werden müssen. Nun aber ist es so, daß
diese technische Erschließung des platten Landes
durch die Verkehrsentwicklung mit Riesenschritten
voranschreitet. Wer heute etwa aus den noch zu-
rückgebliebenen Landstrichen des Orients wieder
nach Deutschland zurückkommt, hat den Eindruck,
daß Deutschland überhaupt nur noch eine einzige
Stadt sei. Sozusagen eine Gartenstadt mit Natur-
schutzparks, über der unaufhörlich Tag wie Nacht
die Flieger summen. So durchtechnisiert und durch-
zivilisiert sind wir bis in den »Kulturforst« unserer
Wälder hinein. Wo die Eisenbahn heute nicht hin-
langt, langt ganz bestimmt das Auto hin. Noch vor
zehn Jahren waren die wenigsten unserer Dörfler
hier schon in einem Auto gesessen. Heute sind es die
wenigsten, die noch nicht drinsaßen. Verstehen Sie,
daß der kleine Landmetzger, der noch vor zehn Jahren sein Rind zu Fuß in das nächste Städtchen trieb,
oder der Bauer, der seine Milch dorthin fuhr, ein anderer Mensch ist als der, der das heute alles per Auto
betreibt? Oder glauben Sie, daß die Bäuerin, die
sonst ein paar Stunden lang an ihrem Butterfaß
stand, noch dieselbe ist wie diejenige, die ihre Milch
heute am Morgen in das Genossenschaftsauto ver-

lädt, und am Abend dafür das Geld und ein fertiges
Stück Butter, das in großen Maschinen gemacht worden ist, in Empfang nimmt? Welch ein Unterschied
zwischen dem Dorfschulzen von ehedem und dem
Landbürgermeister von heute! Diese Bürgermeister,
die natürlich auch noch Bauern sind, können zumeist
nicht ohne tägliche Zuhilfenahme der Nachtstunden
ihre Pflichten erfüllen. Im Grunde tritt in ihrer Existenz nur öffentlich vor Augen, was sich in kleinerem
Maße in jedem Bauernhause heute abspielt.

Mit dem Stadtwerden des Landes stellen sich nun
noch weitere Zwangsläufigkeiten ein. Ermessen Sie
die Spanne, ermessen Sie sie seelisch, die zwischen
dem Schritt des Kuhgespannes und dem Tempo des
Motors liegt! Dieser Tage las ich in der Zeitung in
einer Abhandlung über das motorisierte Volksheer
des modernen Krieges folgenden Satz: »Die natürli-
che Folge ist, daß das ganze Volk motorisiert denken
lernen muß, daß es sich ganz auf modernen Verkehr
in jeder Lebenslage einstellen muß.« Ermessen Sie,
was das heißt: »Motorisiert denken!« Und zwar »das
ganze Volk«, vom Großstädter bis zum Hinterwäld-
ler unter dem Druck des Kampfes ums Dasein: so
denken lernen! Was das für die Seele eines Volkes
bedeutet!

Wenn ich an diese ganze Materie denke, so
türmt sich vor mir ein Berg von Einzelheiten des
alltäglichen Lebens. Sie könnten ein ganzes Buch
füllen. Aber worauf es mir ankommt, habe ich Ihnen ja damit schon angedeutet: nämlich daß ich –
auf den Grund der Dinge geschaut – hier in meinem
Hinterwald im Begriff bin, in den allgemeinen
Menschheitsstrom einzumünden. Es vollzieht sich
hier ein unwiderrufliches Schicksal. Wenn ich mich

daher frage, warum es in der »Stadt« bei Ihnen soviel schwerer zu sein scheint, Gott wieder zu sehen, so frage ich zugleich für mich mit, aus der auch hier sich ankündenden Not des verstädternden Dorfes. [1937]

13. Brief (1937)

Was ich mit meiner Bezeugung des Christusantlitzes hier auf dem Dorfe sagen wollte, ist ja nur dies, daß es ein solches »Sehen Gottes« in der heutigen Welt noch gibt. Darum kann jene Bezeugung selbstverständlich nicht heißen, ein solches Sehen Gottes gebe es in der Großstadt nicht mehr. Aber wenn wir uns klarmachen wollen, wo die Gründe dieses Gott-nicht-mehr-sehen-Könnens in der modernen Menschenwelt liegen, so müssen wir eben in der Stadt suchen.

Sie selbst haben hier schon in die Richtung gedeutet, in der wir Aufschluß bekommen, mit Ihrer Bemerkung, daß der Mensch von heute sich mit seinem Nächsten nur noch in der öffentlichen Region berühre, und zwar von der morgendlichen Fahrt zur Arbeitsstätte angefangen bis zum Abschluß im abendlichen Dienst. Er berührt sich also mit ihm nicht mehr als *Person*.

Und hinter diesem Wort »Person« steht ja doch diese ganze Welt des persönlichen Daseins, in der die Kernwurzeln unserer gesamten Existenz eingebettet sind. Es ist uns beiden natürlich dabei klar, daß die Massenordnung, in der wir heute zum öffentlichen Wesen geordnet werden, zu den elementarsten Notwendigkeiten unserer Zeit gehört, und daß wir die

Einsamkeit der Person im Blick auf das Ganze zunächst einmal als unvermeidlich in Kauf zu nehmen haben.

Und doch sitzt hier in der einsamen Person einer der Hauptgründe für die Verborgenheit Gottes. Denn wie in Christus, so wird Gott immer nur in der Person offenbar. Wenn wir einander aber nicht mehr als Person sehen, so fehlt Gott sozusagen das Element, der Stoff, an dem er Gestalt für uns wird. Wir entziehen dem ewigen Wort heute das Fleisch.

Gibt es etwas Groteskeres als den modernen Ameisenmenschen, der äußerlich so dicht zusammenwohnt mit seinem Nächsten, man möchte sagen Allzunächsten und innerlich ihm so ferne ist, wie man es nur sein kann? Auch in einer modernen Siedlung, die das äußerliche Schema vom Dorf übernommen hat, ist zum Beispiel das Sterben des Nachbarn eine Sache, der man mit dem besonderen Städterinstinkt der Angst vor der Realität ausweicht. Es ist eben immer eine peinliche Sache! Man ahnt hier vielleicht Verpflichtungen, die »eigentlich« noch da wären, die früher auch einmal da waren, die auch heute noch in der Dorfgemeinschaft da sind. Aber gerade das scheuen wir. Gerade da, wo einer stirbt, heißt es: »Schau da nicht hin!« Und die Arbeitsmaschinerie der Großstadt reißt den ohnehin schon Widerwilligen mit nun erst recht unwiderstehlicher Gewalt von diesem *Innen* der Welt weg in die rasende Rotation des Außen. Ja, wenn man es wüßte, daß nebenan einer gestorben ist, dann würde man ja schließlich das Radio zum mindesten auf halbe Stärke stellen. Selbstverständlich würde man das tun, aber in neunzig Fällen weiß man das ja gar nicht mehr, daß da einer gestorben ist. Man geht ja immer schon frühmorgens weg und kommt spätabends nach Hause. Man hat ja auch beim besten Willen gar nicht mehr die Gelegenheit, sich mehr als dem Gesicht und dem Namen nach zu kennen.

Sie haben da in der Tat richtig getippt. Hier liegt der Hase im Pfeffer. Der Großstädter sieht die Person nicht mehr. Man könnte sagen, das liegt an einer Art Großstadtoptik. Der mächtige Trichter des großstädtischen Sehwinkels schluckt immer nur Massen ab. Der Großstädter sieht sich immer nur als Kollektivwesen, sich selbst und den anderen. Das heißt, er muß notwendigerweise in den Massenaufteilungen, in denen sich das Massenleben ordnet, denken, weil er eben auch darin lebt. Sein Denken und sein Leben wird vom Collectivum her bestimmt.

Daher ist der Großstädter von Natur »sozial«. Das heißt: in der Stadt läßt sich nur nach dem abstrakten Schema verfahren. Hier, wo es um die Masse geht, muß, so könnte man sagen, nach Serie und Type verfahren werden. Der Nächste aber ist Person. Er ist immer wieder ein anderer und verlangt von uns jedesmal ein neues Hinsehen und Helfen. Daher ist er im Collectivum ein Hindernis, weil er als Person so unerhört nahe, so leibhaftig, so fatal »im Wege steht«. Wie leicht ist es, über eine öffentliche Stelle einen abgelegten Mantel an einen unbekannten Empfänger weiterzuleiten! Wie ganz anders aber sieht die Sache aus, wenn ich ihn »persönlich« meinem »Nächsten« gebe. Was ich ihm gebe, muß er wirklich brauchen können. Er kontrolliert mich durch seine Nähe, ob ich ihm auch wirklich geholfen habe. Dazu kommt noch die Prüfung für meinen Takt, mit dem ich ihm geholfen habe. Gerade dem Nächsten gegenüber lernt man, seiner leiblichen Person und seiner verborgenen Seele gegenüber, daß gerade das Wie unseres Helfens das viel größere Geschenk ist als das Was. Wieviel leichter ist es, in der so anonymen Sphäre des »Sozialseins« Gemeinschaft zu üben als von Person zu Person!

Sie haben mich noch auf eine andere Erkenntnis gebracht, die einen besonderen Brief lohnt; indem wir durch den Nächsten gleichsam wie durch Luft hindurchschreiten, stürzen wir in den leeren Raum der Illusionen! Der Nächste steht uns in Wahrheit nicht »im Wege«, sondern er steht am Rand des Abgrundes als Schutzengel, der uns hindert, aus den Realitäten des Lebens hinaus in die Illusion zu gleiten. [1937]

[1968] Wie dünn ist die Luft unserer Fernstenliebe! Für Biafra und Vietnam können wir nur demonstrieren, für »Brot für die Welt« einen Zwanzigmarkschein in eine Tüte stecken, während die schweren Panzer die Papierberge unserer Friedensliteratur zusammenwalzen. Eine ohnmächtige Gestikulation.

Wehe aber uns, wenn sie nicht trotzdem geschähe!

Auch ein passiver Widerstand ist Widerstand, und seine Kunst müssen wir erst lernen. Sie ist kollektiv zu üben. Die Technik könnte uns hier Mittel an die Hand geben.

6.

In doppelter Isolierhaut

14. Brief (1937)

Es ist schicksalhaft, wie wir heute in diese Lage hineingeraten sind. Wir werden heute schon in diese Einsamkeit hineingeboren. Wir finden uns in dieser Isolierung schon vor. Sie ist geradezu das erste Kleid, das uns in die Wiege gelegt wird. Und das unfaßliche dabei ist, daß wir die Zwangsläufigkeit eines solchen Verhängnisses bejahen und gutheißen, ja, daraus womöglich noch eine Philosophie machen.

Wir finden uns in einer doppelten Isolierhaut vor. Die erste Haut schützt uns vor dem Anblick des leidenden Menschen. Wie geht zum Beispiel eine Geburt heute vor sich? Bei früheren Geschlechtern war es noch selbstverständlich, daß in dieser schweren Stunde der Mann der Frau als der nächste Mensch beistand. Heute kann er es gar nicht mehr, weil der Existenzkampf ihn selbst auch in solcher Stunde nicht freigibt. Dann aber will er es auch nicht mehr. Auch da »schaut man weg«, wenn man irgend kann. Und wenn er noch Zeit hätte und wollte, dürfte er gar nicht mehr dabei sein. Denn die Frauen werden heute meist in der Klinik entbunden, wo die Anwesenheit des Mannes ohnehin nicht möglich ist. Die Frau selbst aber wird im entscheidenden Augenblick der Geburt häufig genug ihres Bewußtseins beraubt. Welch eine sentimentale Entseelung unseres Daseins! So bringen wir uns in dieser Isolierung um die Geschichte der letzten Wunder, die in unsere Welt hineinragen und die nach unverbrüchlichem Gesetz nur in Kampf und Leiden, Schmerz und Opfer in jedem einzelnen Falle immer wieder wirklich werden können. Unsere ganze Zivilisation geht mit dem Aufkommen der Philanthropie in der Aufklärung, die mit dem Aufkommen der Masse natürlich zusammenhängt, darauf hinaus, das Übel aus dem Personenreich zu entrücken und es in Massenkrankenhäusern, Massensterbehäusern, Massenirrenhäusern usw. zu isolieren. Es tut dabei wenig zur Sache, ob wir die Kasernen in Einzelhäuser, die Massensäle mit fünfzig Betten in Zimmer mit fünfen verwandeln. Es ist dies alles nur eine andere Technik bei gleichbleibender Sache.

Diese Dinge sind uns dank des Massenschicksals der modernen Welt alle schon zur zweiten Natur geworden. Wir selbst haben es ja zu einer wahren Kunst gebracht, vor dem anderen das »Gesicht zu wahren«. Und das ist es, was ich die zweite Haut nennen will: die moderne Kunst, das Übel zu verheimlichen. Wie ganz andere Menschen sind wir in Gesellschaft, im Dienst, im Beruf als in der Familie! Und wie ganz andere Menschen sind wir, ein jeder für sich allein, etwa als Väter gegenüber den Söhnen heute, oder als Jugend gegenüber der älteren Generation! In welch tragische Scheidungen klafft hier der innere Lebensraum, der Raum der Personen, auseinander! Wie einsam ist der Mensch schließlich in seiner letzten Einsamkeit, aus der kein Ton heraus- und hineinzudringen scheint! Ich finde keine Worte, die stark genug sind, zu beschreiben, wie ergreifend gerade für den Seelsorger der Blick in diesen Innenraum hinein ist, der ja offiziell gar nicht da ist, gar nicht da sein darf, von dem zu sprechen verpönt ist und dem gegenüber wir mit der Verbissenheit der Verzweiflung unser optimistisches Gesicht wahren. Ich sage Ihnen, hier wogt ein unterirdisches Meer von Blut und Tränen! Und aus der Verborgenheit seiner Tiefen steigt dann jener schaurige Ruf empor: »Wo bist du, Gott?« [1937]

[1968] Das Schweigen Gottes kann zu einer Zeit so tief sein, daß es nur noch als »leise Stimme« für den, der sein Ohr auf die Erde legt, vernehmbar ist. Es kann sein, daß es dem Schweigen des Todes gleichkommt. Wir nennen eine solche Zeit eine atheistische Zeit. Allem Anschein nach ist die unsere eine solche. Sie schafft Raum für eine Generation, die das Evangelium wieder ganz neu entdecken kann. Der Schweigende gibt in einer solchen Zeit allen Stimmen der Welt die Rede frei: Er schweigt, damit der Mensch jetzt reden kann, lang, erschöpfend, rebellisch, als sei er allein im leeren Universum. Er hält sich zurück, damit der Mensch alle Entwürfe erproben kann, die nur irgend in seinem Geist entstehen. Er gibt ihm alle Chancen frei, die immer kleiner werdende Erde und die immer größer werdenden Apparate, die so handlich gewordenen, zu beherrschen, die Atome und Gene zu manipulieren. Massenmedien und Riesencomputer zu erfinden, Weltraumprothesen als Kunst-Augen, -Ohren, -Arme und -Beine sich anzuschaffen, während alle Hilfen ins Feuer getan werden: Christentum, Kirche, Theologie voran. Tabula rasa und dann plein pouvoir für die mündige Welt! Die Geschichte sieht heute aus wie die Herausforderung Gottes durch den Menschen.

Achtung! Der Mensch ist der Herausgeforderte. Der Provokateur wird »am Ende« merken, daß es umgekehrt ist. Am Ende, das er darum so leidenschaftlich verneint.

15. Brief (1937)

Diesen Charakter des Daseins kann man heute noch leichter auf dem Dorfe erkennen als in der Stadt. Es klingt paradox, aber ich habe erst hier auf dem Dorf die »Welt« entdeckt. Das war das Erlebnis, das ich hatte, als ich vor zwölf Jahren mit meiner Frau aus der Großstadt hierherkam. Ich kann Ihnen das nur an Einzelheiten klarmachen. Wissen Sie, »Welt« war für uns damals das Runde, Komplette, mit einem Wort *Ganze* des Menschendaseins, das wir im Dorf vor Augen hatten und das unseren Alltag von früh morgens an füllte. Wir sahen, daß wir als Großstädter bisher nur in einem Ausschnitt der Welt gelebt hatten und zwar in einem künstlichen und durch und durch zufälligen Ausschnitt. Wenn wir zum Beispiel überlegen, was unser eigenes Kind mit seinen fünf, sechs Jahren hier schon vom Leben zu sehen bekam, und zwar mit der Selbstverständlichkeit der natürlichen Dinge, und das mit dem Leben gleichaltriger Stadtkinder vergleichen, so wird deutlich, was hier gemeint ist. In diesem Vergleich ausgenommen bleibt allerdings das in den Arbeitervierteln lebende Stadtkind, das noch nicht in der Sicherungszone unserer Wohlstandstechnik »isoliert« ist. Freilich mit dem einen großen Unterschied, daß die Dinge, die sich auf dem Dorfe als natürlich anbieten, dort das Gesicht der erniedrigten und beleidigten Kreatur tragen. (Womit wir natürlich, nebenbei bemerkt, auch wieder vor einem Ausschnitt stehen!) Ein solches Kind, ein Mädchen, das auf dem Dorf aufwächst, sitzt am Sonntag mit ihren Freundinnen an der Hochzeitstafel des Nachbarn. Am Montag hört sie vielleicht im Hause daneben, an dem sie gerade vorbei muß, das Schreien einer Gebärenden. Hört es und weiß auch um seine Bedeutung. Denn ein solches Erlebnis bleibt nicht vereinzelt. Es wiederholt sich ja im Kreislauf des Geschehens, der im Dorf offen vor aller Augen sich vollzieht. Wenn eines von den Spielkameraden der Kinder stirbt, dann ist es selbstverständlich, daß die anderen in das Sterbehaus gehen, um dort vor der Einsargung das Tote noch einmal zu sehen. Ich frage Sie: wieviel Tote haben Sie schon in Ihrem Leben gesehen? Ich kenne junge Menschen von 20, 25 Jahren, die vielleicht gerade einen Toten in ihrem Leben sahen.

Vor einiger Zeit brachte ich einen alten Mann in meinem Wagen zu einer lebensgefährlichen Operation in die Stadt. Es war das Selbstverständliche, daß wir uns mit der Ehrlichkeit des Christen voneinander verabschiedeten als solche, die einander auf dieser Welt nicht mehr wiedersehen. Nach einiger Zeit kam die Schwiegertochter, die den Alten begleitet hatte, vor Zorn und Tränen fassungslos aus dem Krankenhaus herausgestürzt. Man habe sie buchstäblich hinausgeworfen! Nicht einmal die Hand habe sie ihm noch geben dürfen, weil sie beim Abschied die Andeutung habe fallen lassen, man könne ja nicht wissen, ob es das letzte Mal sei! Hier auf dem Dorf liegt eben das Leben aller vor allen jeden Tag offen da. Hier gehört es noch zu dem selbstverständlichen Anschauungsgut, in der ganzen Fülle der Einzelheiten den Lauf des menschlichen Lebens vor Augen zu haben, und zwar von Anfang bis zu Ende. Und schließlich auch in der ganzen Unerschöpflichkeit der Schicksale. Man sieht zum Beispiel, daß dieses Leben so und so verläuft, weil dem Kind die Mutter bei der Geburt starb und es sein Lebtag eine Stiefmutter hatte. Daß ein anderes so und so verläuft, weil in der Familie von den Vorfahren dies und dies bestimmte Laster erblich ist. Oder man sieht, daß der und der Mensch böse ist und böse bleibt, und das durch Gunst und Ungunst der Wechselfälle seines Lebens. Und daß ein anderer ein Engelsmensch ist von Geburt und das ebenso durch Gunst und Ungunst aller Wechselfälle des Lebens. Und das oft so, daß diese beiden, der Böse und der Gute, aus ein und derselben Familie kommen! Verstehen Sie – das, worauf es hier ankommt, ist: daß man alle diese Dinge hier nicht ausschnitthaft sieht, sondern im *Ganzen* eines Lebensschicksals. Das oft nicht nur als Einzelleben überschaubar wird, sondern auch noch mit dem größeren Horizont der Herkunft, der Umwelt. Und dann – man sieht es nicht nur! – hängt man selber mit drin im Schicksal der anderen: durch Verwandtschaft, durch Nachbarschaft, durch Arbeitsgemeinschaft, durch die Direktheit des täglichen Dabeistehens. Man erfährt durch die Unzerreißbarkeit der schicksalhaften und nicht der gemachten Gemeinschaft das Wesen Mensch in seiner ganzen Abgründigkeit. Hier ist jenes »Wahren des Gesichtes«, das in der städtischen Existenz eine so große Rolle spielt, nicht möglich. Denn hier kennt ein jeder den anderen von Kind auf mit seinem wirklichen Gesicht.

Der Idealismus ist die typisch bürgerliche Philosophie des Stadtmenschen. Der Bauer ist durch und durch Realist. Seine Nüchternheit, sein Mißtrauen und seine Härte hat in jener »Komplettheit« seiner Daseinserfahrung ihre Wurzel. Denken Sie an Shakespeare, wenn Sie verstehen wollen, was ich hier als die *runde* Welt und den *ganzen* Menschen erlebe! Wie kann ich Ihnen nur schildern, was ich neulich nachts auf einer Autofahrt mit Freunden von Potsdam nach Berlin herein erlebte! Nach Berlin kommend, fuhren wir wie unter eine Dunstglocke, die die Stadt vom Himmel trennte und die aus Kunstlicht gemacht war, das aus dem Inneren der Stadt, das von unten her kam. Die Lichtbahnen der Scheinwerfer von den Flugplätzen kreuzten sich darüber zu einem phantastisch bewegten Gewölbe, neben welchen Herrlichkeiten der Mond wie ein groteskes Requisit aus Großväterzeit verloren schwamm. Als ich die Mitfahrenden auf ihn hinwies, fing plötzlich alles zu lachen an. Das ist die Made Mensch unter ihrer Käseglocke! Aber lassen wir das Scherzen! Worum es geht, ist bitter ernst. Wenn wir das nicht wieder fertigbringen, die Welt *ganz* zu sehen, sind wir eine verlorene Menschheit. Das aber heißt, nicht mehr vor der Nachtseite des Lebens den Blick zu verschließen, sondern ihn gerade ganz neu für diese Seite aufzutun. Nur indem wir Heutigen der Nachtseite der Welt wieder ihre Wahrheit lassen, wird uns der Star gestochen für das *wirkliche* Antlitz der Welt. Wir aber erkaufen uns das Leben mit der großen Täuschung. Und dann wundern wir uns, wenn Gott uns verborgen bleibt.   [1937]

16. Brief (1937)

Sie schreiben mir auf meinen letzten Brief, es falle Ihnen wie Schuppen von den Augen. Sie sähen, daß es gerade der Rausch der Illusionen sei, der den Heutigen von dem harten Glück trenne, ein Mensch zu sein. Wir sind jetzt in der Tat an dem Drehpunkt unseres Gesprächs angelangt. Er bewegt sich nämlich zwischen der Illusion und der Wahrheit. Ich könnte auch sagen: zwischen der Lüge und der Wahrheit mit der Ausrichtung unseres Blickes auf unser wirklich gelebtes Leben. Die heute fast geächtete Wahrheitsfrage stellt – dennoch und trotzdem – diesen Drehpunkt dar. Leben wir unser faktisches, leibliches Leben, unser Leben als Person wie als ganzes Volk, aus dem Schein der Lüge? Oder in der Luft der Wahrheit? Es hat wohl schon seinen Sinn, daß in jener Begegnung mit dem klugen, skeptischen, mit allen Wassern gewaschenen Staatsmann Pilatus Jesus Christus sagt, daß er die Wahrheit *sei*. Er sagt dies auf seinem Wege nach Golgatha!

Zur Wahrheit von unserem Dasein gibt es keinen anderen Weg als denjenigen, der mitten durch die Nachtseite der Welt hindurchführt. In seltsamer Weise wird mir das Apostolikum immer wieder lebendig von jenen merkwürdigen drei Worten her: »Niedergefahren zur Hölle.« Es ist das Wort in unserem Glaubensbekenntnis, das Christus als den *totalen* Sieger am drastischsten bekennt. Christus wäre nicht der Sieger, wenn er nicht gerade *dort* gesiegt hätte. Etwas sehr menschlich ausgedrückt: es ist die schockierende Besitzergreifung des Ganzen der Wirklichkeit, die wir bekennen in dem Wort: »Niedergefahren zur Hölle.« Wenn wir uns also jenes Andere, nennen Sie es, wie Sie wollen: Nachtseite, Hölle, Übel verdekken, werden wir Gott nie finden, wo er ist, wo er uns aufleuchten will: am dunklen Fleisch der Kreatur! Am Kreuz! Niedergefahren zur Hölle! Nicht, daß ich die Schönheit für eine Illusion hielte! Dafür kennen Sie mich zu gut. Nein, aber durch jenes Andere erhält das Leben des Menschen die Kielschwere, die Massivität, die es vor dem Scheindasein in der komfortablen Illusion bewahrt; die es das sein läßt, was es nun einmal ist. Und Gott kann uns eben schlechterdings nicht in der Illusion begegnen. Er kann uns nur in der Wahrheit begegnen.

Lassen Sie es mich so sagen: dort, wo das Leben faustdick auf uns hereinhagelt, wo wir keine spitzen Finger mehr machen und unsere ganze Kraft und Gewandtheit benützen, um uns davor zu drücken. Das also, lieber Freund, was hier in diesem Drehpunkt sich für uns eröffnet, ist die Erkenntnis, daß nicht die besondere soziologische Gestaltung der heutigen Massenzivilisation uns hindert, Gott wieder zu sehen, sondern daß das einzige und eigentliche Hindernis der Illusionismus ist, der in der Massenexistenz von heute gedeiht. Ich unterfange mich, zu behaupten, daß wir, wenn dieser Illusionismus gebrochen ist, Gott in dieser modernen Existenz in einer viel realeren Weise wieder sehen können, als das je in den Resten bäuerlicher Existenz möglich war.   [1937]

[1968]   »Wenn dieser Illusionismus gebrochen ist …!« Ich bin heute nicht mehr so optimistisch wie damals. Von der Macht der Ideologie, der Mythenbildung, des Meinungszwanges, der Parolen und Klischees und der durstigen Anpassungsfähigkeit des Menschen haben wir hinreichend Erfahrung gemacht. Zugleich aber auch davon, wie schwer es ist, ihnen beizukommen. Sie zu entlarven, genügt nicht. Denn auch die Entlarvung muß sich gefallen lassen, ihrerseits als Illusion desillusioniert zu werden. Das Meinungsklima, das so entstanden ist, versteht sich als Pluralismus. Eine Toleranz der »Wahrheiten« wird praktiziert, die einem Verzweifeln an der Wahrheit ähnlich sieht. Einen Vexierboden hat unser Intellektualismus geschaffen, in dem der Intellekt selbst sich ad absurdum führt dadurch, daß alle seine Wege in einer Art Automatik sich in ihre Gegenwege umkehren lassen. Alles ist »denkbar«, so herum und anders herum. Neulich las ich diese Definition von Kunst: Es stelle der Künstler heute »die Zerstörung von Zerstörung« dar.

»Eine Sprachregelung«, ein Automatismus der Sprache ist entstanden durch die Massensprech-, Seh- und Lesemaschinen, der uns kein Wort mehr übrigläßt, das uns selbst gehört. Der Schüttelrost der Bewußtseinsmanipulierung: In welcher Müllkiste werde ich aussortiert? Progressist? Antikommunist? Rassist? Welcher Anti-Ismus stuft mich als sein Anti ein? Der Optimist den Pessimisten? Der Mini-Artist den Expressionisten? Ein System von Diffamierungen funktioniert wie per Automation. Ein Druck auf die Taste »vorgestrig«, »Paternalist« und schon rotiert der so Gestempelte im Müllschlucker. Der Engführung im geschlossenen Gesellschaftssystem durch Ideologien entspricht ein Bewußtseinsverschluß durch Parolen. Es gibt keine Information, die nicht schon manipuliert wäre. Es gibt dies: Verstockung durch Sprache.

In dieser Ausweglosigkeit werfen wir uns den Emotionen in die Arme. Gerade das, was die Ratio leugnete, passiert jetzt. Nur kraft der Emotion sind wir so manipulierbar. Die geleugnete Irratio fällt aus dem Hinterhalt über uns her. Das Dämonische, das wir als Wahn verabscheuten, praktizieren wir jetzt selbst. Der Abgrund, den wir leugneten, verschlingt uns nun just in dem Augenblick, da wir ihn leugnen. Dieses »Wir« ist das Wir der Zeitgenossenschaft in der Massenwelt unseres Jahrhunderts. Es ist wie ein Gesetz, daß die Ratio der Irratio die Bahn frei macht. Mit der geplanten Welt wächst uns zugleich ihr Unplanbares riesengroß über den Kopf. Wahrscheinlich ist das ein Gesetz der Geschichte überhaupt. Heute aber bewegt sich dieser Prozeß in einer Steilkurve, die etwas von einem Endphänomen an sich hat.

In dieser Situation das Christusantlitz sehen kommt der Erfahrung gleich, daß es allem zum Trotz im christlichen Glauben ein Personwerden und ein Personbleiben gibt. Das aber nicht aus irgendeiner binnenweltlichen Möglichkeit heraus, sondern durch Christus wie in einer Bewegung von fernher, wie in einer Annäherung über eine unendliche Strecke, aber doch in der genauen Ausrichtung auf dieses Gesicht. Hier wird gleichgültig, ob Stadt oder Land. Alles steht darauf, daß es das gibt in einer Welt der technischen Zivilisation mit ihrem unentrinnbaren Illusionismus, dieses Personwerden und Personbleiben in den harten Strukturen einer funktionalen Ordnung, ohne die wir uns nicht mehr im nackten Dasein halten können. Das hat nichts mit Flucht in einen »religiösen Individualismus« zu tun. Genau das Gegenteil ist der Fall. Genau an dem Urpunkt, an dem jenes falsche Bewußtsein Raum gewinnt, je immer im Einzelnen, genau dort schafft das Christusereignis die Person. Es ist der Sauerstoff in der Weltraumkapsel, die unser kleiner Planet mit seiner verwissenschaftlichten Menschenexistenz darstellt.

7.

Kreuzungspunkt Mensch

17. Brief (1946)

Wenn ich Sie recht verstanden habe, so meinen Sie, dieses »Sehen des Christusantlitzes« entspringe wohl meiner – wie Sie sich höflich ausdrücken – »künstlerischen Intuition«; auf gut deutsch: meiner Einbildung.

Ich wäre also auch nur einer Illusion verfallen. Das ist natürlich eine schlimme Sache, dieser Verdacht. Um so schlimmer, weil ich außerstande bin, Ihnen den Gegenbeweis zu leisten.

Aber – gibt es nicht auch sonst im Leben Dinge, die stofflich nicht wahrnehmbar sind und die dennoch da sind? Unsichtbare Dinge an den sichtbaren, die in einer besonderen Weise dennoch gesehen werden? Die nie für sich allein, die immer nur »an« den sichtbaren gesehen werden? Zum Beispiel das »Leben« an den Dingen? Bedenken Sie, möglicherweise sind es gerade die wesentlichen Dinge, die so, die nur so gesehen werden können.

Merken Sie wohl, ich versuche hier keinen Beweis. Ich möchte Sie zunächst nur einmal kritisch machen Ihrem eigenen Zweifel gegenüber. Auch Sie stehen mit Ihrem Zweifel auf durch und durch fragwürdigem Boden. Wir bekommen ja heute dafür ein Gefühl, wie begrenzt, wie durch und durch bedingt selbst die wissenschaftlichen Erkenntnisse sind, zum

Beispiel die einer im mathematischen Sinn exakten Disziplin wie der modernen Physik.

Also beweisen kann ich es nicht, wenn ich sage: »Ich habe gesehen.« Es gibt Dinge, die werden gespürt, deren wird man »inne«, weil sie von außen über die Sinne »nach innen« kommen. Über das äußere Auge läuft der Strahl, um von dem inneren Auge dahinter »erkannt« zu werden. Ich habe damals wirklich gesehen, zunächst als Aufmerkender, als Staunender. Und über diesem Sehen und Staunen bin ich sehr, sehr langsam ein Glaubender geworden. Der Strahl, der von außen auftrat, hat das Glaubensauge zum Sehen geweckt. Es bleibt aber in diesem Sehen des Glaubensauges ein Sehen von Dingen draußen, die auf einen auftreffen und deren man »inne« wird.

Ich bin mir gewiß, nicht der einzige zu sein, dem solches Sehen widerfahren ist. Was meinen Sie – würde ich heute in die Welt einen Aufruf hinausgehen lassen und die Menschen bitten, mir Zeugnisse solchen Sehens des Christusantlitzes zu schicken, ich weiß, Hunderte kämen zu mir ins Haus geflogen. Und nicht nur solche von Sterbenden.

Ich erinnere mich da an einen Brief eines Gefängnisgeistlichen. In seinen Anstaltsgottesdienst kamen sonntäglich etwa dreihundert Gefangene. Etwa dreißig von ihnen nahmen an den Abendmahlsfeiern teil. Er schreibt in seinem Brief, wie lieb ihm diese Feiern seien. Immer wieder erlebe er bei fast allen die Verwandlung der oft erschreckenden Verbrecherphysiognomien in der Erhellung durch das Christusantlitz.

Es gibt eine arrogante »Nüchternheit« und eine powre »Wahrhaftigkeit« mit deren Hilfe wir uns künstlich die Augen verkleben. So geschieht es denn, daß wir die Wunder nicht mehr sehen, die uns rings umgeben; von deren Wirklichkeit wir mit jedem Atemzuge leben. Und die wir nicht merken. Ich wünschte, es möge mir gelingen, Ihnen davon etwas deutlich zu machen. Sie müßten mich da allerdings als Zeugen gelten lassen, mein Lieber.

Es gibt Dinge, von denen wir nur durch Zeugen Kenntnis erhalten. Bedenken Sie, daß unser Wissen von der Vergangenheit, unsere Geschichtswissenschaft nur auf Zeugenaussagen beruht; daß unsere gesamte Rechtsprechung nur auf Grund von Zeugenaussagen möglich ist; daß überhaupt jeglicher Zusammenhang zwischen den Zeiten nur durch das Zeugnis hindurch möglich ist, in das hinein der Sohn dem Vater traut. Binsenweisheiten, die wir aber sehr gerne vergessen, nicht wahr?

Hier tritt eine ganz bestimmte Funktion der Christusgemeinde zutage, nämlich die Funktion, in der hier der eine den anderen bezeugt. Und ihn so jener unglaubwürdigen Situation enthebt, von sich selbst zeugen zu müssen. Nämlich, was *er* meine, von Christus empfangen zu haben. Das ist die Sachlichkeit des christlichen Zeugnisses: daß hier keiner für sich, nicht einmal Christus selbst, für sich zeugt, daß hier einer für den anderen als Zeuge steht. Auch hier, auch in der Christenheit, gilt das Gesetz der Weitergabe durch Zeugenschaft, in die hinein die Hörenden dem Zeugenden trauen. Das aber mit der besonderen Auszeichnung, daß der dem Zeugnis Trauende aus dem Wort, das ihm gesagt wird, die Gabe des Selbst-Sehens empfangen kann. Zeugnis ist hier Zeugung. Der Zeuge zeugt in dem Trauenden das Sehen. Jawohl, Zeugnis, nur Zeugnis, darauf steht es.

Darum sagt der Evangelist Johannes von Jesus Christus: »Und wir sahen ihn«, nämlich seine »Doxa«: sein Strahlenantlitz. Darum ist er Zeuge. Er sagt eben gerade nicht: »Wir erlebten ihn in uns«, sondern »wir sahen ihn draußen, vor uns, wir sahen sein Ereignis«. Auch Paulus sieht ihn draußen, in der Glorie. Von außen her wird er zu Boden geworfen und erblindet mit seinem äußeren, leiblichen Auge.

Natürlich ist mein Erzählen davon ein Reden, und Sie könnten sehr wohl sagen, von Ihnen her gesehen: »Worte, nichts als Worte!« Und doch gibt es gar keine andere Möglichkeit als die, dem, der nach dem Weg sucht, mit Worten mitzuteilen, wo es hinausgeht. Gewiß: »Worte, nichts als Worte!« und doch in dieser Wenigkeit viel. Was hier geschieht, ist genau das, was mit einem Hund geschieht, der auf die Fährte gesetzt wird, dem man nämlich diese – und diese ganz bestimmte – Witterung auf die Nase gibt und ihn dann die Fährte suchen läßt. So kann auch mein Wort Ihnen nur Witterung geben und Sie allenfalls auf die Fährte setzen. Sie müssen nun selbst suchen und sehen. Und müssen es dabei ganz genau so machen wie der Jagdhund. Sie werden die Fährte sofort verlieren, wenn Sie sich nicht von der Witterung, sondern von Ihrer eigenen Philosophie oder Ihrer eigenen Religiosität leiten lassen. Die Witterung aber ist das Wort, jawohl – nur das Wort des Zeugen. Sie müssen aber die Witterung frisch in der Nase behalten, gleichsam warmhalten unter dem Anhauch Ihres Vertrauens.

Ich habe an manchem Sterbebett gestanden. Ich habe auch das andere erfahren müssen, das stumpfe Absacken, das angstvolle Kämpfen, das unselige Sterben.

Wie schön, wenn Sie uns wieder einmal besuchten! So etwas beredet sich besser im vertrauten Gespräch. Sehen Sie zu, mein Lieber, daß es sich machen läßt! Es wäre in diesem Falle das Gebotene. [1946]

18. Brief (1946)

Nun sind Sie alle doch nicht gekommen! Und ich muß tun, was ich so ungern tue: *diese* Dinge schreiben.

Ich will mich auf ein Beispiel aus meiner Seelsorge beschränken. Es möge Ihnen auch das »Sehen des Anderen« deutlich machen, das nun wahrhaftig keine »künstlerische Intuition« ist.

Nehmen Sie es als Beichte. Denn der Seelsorger ist an solchem Sterben immer mitschuldig.

Sie war eine ungewöhnliche Person. Wohl eine der schönsten Bäuerinnen, die ich kannte. Dazu klug und noch im Alter von dem Adel einer alten Rasse. Groß, dunkel, mit schmaler Adlernase zwischen einem tiefliegenden, wissenden Paar großer Augen. So ein Gesicht vergißt man nicht. Sie hatte noch in reiferem Alter einen um viele Jahre jüngeren Mann zu fesseln gewußt. Ein nicht häufiger Fall in bäuerlichen Verhältnissen. Ja, und ihn dann noch überlebt. Sie war Witwe.

Regen Geistes sah sie den Pfarrer gern bei sich zu einem Gespräch. So hatte sich mir im Laufe der Zeit das Bild eines lebensstarken Frauenmenschen geformt, der viel erlebt hatte, ja, in dessen Leben wohl auch dunkle Tiefen der Leidenschaften verborgen liegen mußten.

Da warf sie ein Unglücksfall auf das Siechbett. Ich sah, wie die glänzenden Augen ihr immer tiefer in die Höhlen zurücksanken. Ich sah, wie Schwermut sie immer dunkler und dunkler füllte. Da war etwas. Was war es?

Ihr Reden wurde immer eintöniger. Wie, um etwas zu überdecken, um eine Leere auszufüllen, so etwas war darin. Manchmal wurde sie ganz leise. Ein Versuchen zitterte dann in ihrer Stimme, etwas zu sagen, etwas Verborgenes. Aber es kam nicht aus seinem Verlies bis zu den Lippen herauf.

Sie ließ kein Hausabendmahl vorübergehen, wie es der Lauf des Kirchenjahres nach dörflicher Sitte brachte. Schließlich sprach sie immer häufiger vom Sterben. Und vom Bereitsein dazu. Sie wußte alles, was zum Glauben gehört. Sie konnte viele Bibelsprüche und Liederverse auswendig. Sie war eine fromme Frau gewesen und ihrer Mildtätigkeit wegen bekannt.

Eines Wochentags ließ sie mich holen. Sie wohnte in einem weitentfernten Filialdorf. Der Großknecht brachte Nachricht auf einer Fahrt in die Stadt. Sie fühle, es gehe mit ihr zu Ende, und sie begehre das heilige Abendmahl, ließ sie mir sagen.

Als ich eintraf, war alles im Hause gerichtet. Nach dem allgemeinen Beichtbekenntnis empfing sie das Sakrament.

Etwa eine Woche mochte vergangen sein, daß sie mich noch einmal rufen ließ. Ich machte mich sogleich auf den Weg, fand aber keineswegs eine Sterbende. Es ist erstaunlich, welche Lebenskraft diese Naturen oft haben.

Vielleicht hielt sie etwas am Leben. Eben jenes Verborgene vielleicht war es, das ich nicht wußte, um dessentwillen sie nicht sterben konnte.

Sie blickte mit unsteten Augen, als ich zu ihr ins Zimmer trat. »Hat Sie jemand ins Haus treten sehen?« fragte sie mich leise und mit unsicherer Stimme.

»Nein«, sagte ich, »Frau N., es ist schon ziemlich dunkel draußen.«

Sie bewegte ihren Arm. Ich verstand und trat dichter zu ihr heran. »Herr Pfarrer«, stieß sie jetzt hervor, »ich habe eine große Sünde getan. Ich habe das heilige Abendmahl unwürdiglich genossen.«

»Unwürdiglich«, sagte sie, die altertümliche Form der Kirchensprache benutzend. Ihr Wort bekam dadurch etwas seltsam Juridisches. Es klang wie eine feierliche Selbstverfluchung.

»Ich habe eine Schuld auf mir. Ach, lang, wie lang ist's her! Und die hätt' ich sollen beichten vorher. Und das hab ich nicht getan!«

Sie blickte scheu zur Tür hinüber, die aus der Kammer in die Küche führte. Ich ging zur Tür, öffnete sie weit und sprach: »Frau N., es ist niemand drin. Wir sind allein. Sagen Sie mir alles. Es wird in mir wie im Grab verschlossen sein. Jedes Wort geht unter das Beichtgeheimnis der Kirche!«

Es war ganz still im Haus. Nur die alte Magd rumorte irgendwo. Und in der Kammer war es inzwischen dunkel geworden. Unbestimmt sah ich ihr schneeweißes Gesicht vor mir. Ich hatte das Gefühl, daß sich ihre Lippen jetzt bewegten. Ich beugte mich über das Bett und führte mein Ohr ganz dicht an ihren Mund. Ein halbersticktes Weinen preßte sich ihr aus der Kehle herauf, und wie auf einem müden Rinnsal von Schlamm und Blut wurden jetzt abgerissene Worte, Bruchstücke von Sätzen aus einer tiefverhehlten, dunklen Quelle heraufgeschwemmt.

… Wissen Sie, lieber Freund, es gibt Dinge in der Welt, die wir einfach nicht wahr haben wollen. In uns. In den Menschen ringsum. Und es geschehen Dinge, grauenvolle, von denen niemand etwas erfährt. Von denen die öffentliche Strafjustiz nur den kleinsten Teil ans Licht bringt. Es will mir scheinen, als habe es nur jene Zeit gegeben, da der Mensch um sich selber wußte, die Zeit des frühen Menschen; da er noch wußte, kindlich, offen, unbestochen von der Angst und unverführt von der Lüge: in der antiken Tragödie und im Alten Testament. Bei Aischylos und im ersten Buch Mose. Vielleicht später noch einmal bei Shakespeare. Aber ganz und gar nicht mehr bei uns.

Das absolute Maß ging verloren. Der Mensch wurde sich selbst zum Maß. Schließlich vermischte er Teufel und Gott. Heute erst stehen wir wieder an der Schwelle der Erkenntnis vom Menschen. Ich habe diese Erkenntnis auf meinem Dorfe wieder zu buchstabieren begonnen; und mir tönt heute die große Kunst der schönen Lüge im Ohr wie die Marschmusik, die den Sturmangriff eines trunkengemachten Bataillons begleitet. »Der Mensch ist gut?« Nein! der Mensch ist nicht gut.

Ich wurde völlig zuschanden mit meinem Zuspruch an diesem Sterbebette. Ich bot ihr das Sakrament nach ihrer Beichte noch einmal an. Sie wies es zurück. Und dabei blieb es.

Am Morgen nach der Sterbenacht traf ich den Bauern, der ihr Nachbar war, ein harter, unkirchlicher Mann.

»Furchtbar, so ein Sterben«, sagte er zu mir. »Die ganze Nacht hat sie geschrien, so laut, daß man es bis auf den Hof herüber gehört hat.«

Es sind nun schon Jahre darüber hingegangen. Heute bin ich der Überzeugung, daß eine Seele wie sie in ihrem Sturze von den Armen der ewigen Liebe dennoch aufgefangen wird. Der Mensch, der mit einer Gewissensstrenge von solcher Klarheit die Gerechtigkeit Gottes und die Wirklichkeit seiner Schuld ernst nimmt, ist dem rettenden Bezirk noch nicht entglitten.

Es ist mir diese Gewißheit am wiederholten Anblick von Menschen aufgegangen, die Dinge dieser Art mit einem mitleidigen Lächeln abtaten; die mit Hohn oder kaum verhehltem Haß hier »finsteres Mittelalter« wähnten. *Sie*, diese mitleidigen Lächler, sind vielmehr die wahren Verlorenen. Jener unanrührbare Gewissensernst des Christen aber ist die letzte Wurzelkralle, die unsere aus der ewigen Ordnung gestürzte Menschenwelt noch am überhangenden Felsen mitten im Absturz aufhält.   [1946]

19. Brief (1946)

Ich will heute meinen Brief von vorgestern noch zu Ende bringen, damit wir den Faden nicht verlieren. Es ging ja um das Sehen jenes Anderen, um das Sehen der *dunklen* Macht in der Welt. Sie kann man sehen. Dieses Sehen ist zweifellos keine Illusion, vielmehr umgekehrt: gerade das Nicht-Sehen ist Illusion.

Ich weiß sehr wohl, was man dazu für kluge, überlegene Dinge sagen kann, metaphysische, psychologische, aufgeklärte, meinetwegen parapsychologische. Ich habe mir das alles an den Schuhsohlen abgelaufen. Das bleibt ja alles in den Vordergründen hängen. Rührt ja gar nicht an die wahren Urheberschaften dahinter, draußen! Indes, das darf nicht sein: wäre ja auch untragbar in jeder Hinsicht, in moralischer wie wissenschaftlicher, wenn es da etwas gäbe, etwas Außermenschliches, dem er preisgegeben sein sollte, der große Herr Mensch, unkontrollierbar, seiner Bemächtigung entrückt!

Ach, diese Philosophie aus Angst, ich habe sie so satt.

Das Furchtbare gibt es, das ist unsere Wirklichkeit. Und weil wir uns da blind machen, deshalb reißt es uns Einzelne wie die ganze Völkerwelt im Finsteren herum.

Wir nehmen die Person nicht mehr ernst. Nämlich als personalen Geist. Als unverbrüchliches Geheimnis unseres Wesens. Und, mein Freund, des *ganzen Universums*.

Es gibt einen Kosmos der Geister. Das unsichtbare Inseits alles Seins. Das Jenseits als das große Inseits aller Dinge. Eine Rangordnung durch alle Grade des Personseins, durch alle Stufen des Schweren und Leichten, des Schwachen und Starken, des Guten und Bösen. Der unstoffliche Kern der geschichtlichen *und* der physikalischen Welt, das inseitige, wahre Firmament der Schöpfung. Ein spirituales Sternengewölbe unsichtbarer Wirklichkeit und furchtbarer Majestät gibt es. Ein unergründliches Gewebe von Energien und Gewalten, auch bösen.

Ja, und darin den Menschen als geheimnisvollen Kreuzungspunkt.

So wirklich die Anwesenheit des Bösen in der Welt ist, so wirklich ist auch das Christusantlitz in ihr. [1946]

20. Brief (1946)

Die Entdeckung des Teufels, die über dem verborgenen Gott nun einfach fällig geworden ist angesichts der Unlösbarkeit des Geschichtsgeheimnisses, sehe ich noch in einem anderen Zusammenhang. In einem Zusammenhang mit folgenschwerer Rückbeziehung auf das »christliche« Abendland und die Christenheit überhaupt.

Ich finde zu diesem Thema einen Tagebucheintrag von meiner Orientreise[1], den ich Ihnen aufschreiben muß. Er stammt von einer Fahrt von Aleppo nach Mossul. Ich hatte zuvor gerade den kleinen Bergstamm der »Teufelsanbeter« besucht.

»Wo saßen eigentlich die Teufelsanbeter? Auf dem Djebel Sindjar? Nein, ganz gewiß nicht. Das waren große Kinder Gottes gewesen, die sich bunte Bilder ausgeschnitten und auf Pappe geklebt hatten. *Wo waren die Teufelsanbeter?* Man würde hierher gehen und diese großen Kinder mit ihren rührenden und geliebten Pappkulissen, in denen sie lebten und auch zu sterben gewillt waren, bekehren. *Wo saßen die Teufelsanbeter?* Auf dem Sindjar oder – in Berlin und Chicago? Jawohl, da saßen sie. Wir sind die Herren der Welt, weil wir auf dem Berge der Versuchung ihren Fürsten angebetet haben. Ei, wie wohlfeil, in Berlin und Chicago dem Fürsten der Welt auszuweichen, um im Djebel Sindjar gegen kleine Spielzeugteufel zu kämpfen, die bunt auf Pappe gezogen sind! Würden wir in Berlin oder Chicago gegen ihn kämpfen wollen, wir Christen, so würde herauskommen, daß er uns längst gekauft und in den Sack gesteckt hat!«

---

[1] Zwischen Nil und Kaukasus, 3. Aufl., Kassel 1953, S. 163.

Wie war es möglich, daß Dämonokratien im Abendlande, dem einstigen Schoß der Christenheit, geboren werden konnten, die auf den ganzen Globus auszustrahlen vermochten? Wie war es möglich, daß, während die Christenheit in China, in der Südsee, in Surinam die Heiden bekehrte, ein Geist in ihrem eigenen Rücken groß wurde, gegen den die heidnischen Religionen wahre Waisenknaben sind?

Ein Umsturz der Fronten, ein Wandel der Vorstellungen, so groß, daß nur wenige das Augenmaß dafür mitbringen!

Wie war es möglich, daß der Strom des geschichtlichen Lebens sich sein Bett sucht nach einem Ziel, das keiner nennen kann? Ja, wie war es möglich, daß die Christenheit, ihrer selbst nicht mehr sicher, sich hineinziehen ließ in die vagen Idealismen einer verzweifelten Messianität, wahllos, ohne Instinkt: in ihren Humanismus und Kapitalismus; in ihren Nationalismus und Kosmopolitismus? Wie war es möglich, daß sie dieses Sich-selbst-Verlieren, dieses Mitlaufen bei den Dämonokratien der Zeit, dieses – ich möchte sagen – allmähliche Hineinschlittern nicht merkte?

Die stofflichen Erscheinungsbilder, die sich die Kulturmächte der Vergangenheit, voran die Religionen, geschaffen hatten, zerfallen heute unter der Einwirkung unbekannter spiritueller Gewalten. Aus dem Sicht- und Greifbaren einer Bilderwelt, sozusagen aus einem infantileren Stadium, tritt die Geschichte heute unter ein abstraktes, energetisches, gleichsam »wassermannhaftes« Zeichen. Das ist es, was heute geschieht. Der Gegenchristus ist heute mehr denn je spirituelle Macht, die aus der Unsichtbarkeit heraus überall auf der Erde in die Welt der

Seelen einschwebt und sie mit der Psychomagie politischer Messianismen berückt. Ein spirituelles Kräftefeld beginnt sich vor uns zu breiten, auf dem nur Geistmacht der Geistmacht gewachsen ist: Pneuma gegen Dämon.

Sehen Sie, da sind wir wieder bei der Haupt- und Grundfrage: der Frage nach der »Sache selbst«. Auf ihre Fährte bin ich gekommen allein auf diesem Boden: der neu erkannten Wirklichkeit. Die aber ist dieselbe in meinem Hinterwald wie in der weiten Welt.

Sehen Sie, das ist die »Sache selbst«, diese Anwesenheit »in«! Der »gen Himmel Aufgefahrene«, heißt es im Evangelium, läßt den Menschen in der Welt den ›Geist‹ zurück. Der Geist ist er selbst, seine spirituelle Geschichtsgestalt. Der Geist ist der *gegenwärtige* Christus, ist seine schöpferische Fleischwerdung von Zeitalter zu Zeitalter. Darum heißt der Heilige Geist der »Schöpfer Geist« *und* der »Tröster Geist«.

Ahnen Sie nun die Verbindungslinie vom »Sehen des Christusantlitzes« auf dem »ungebärdigen Fleisch« bis hin zu jener Pneumatokratie, die im Evangelium das ›Reich Gottes‹ heißt?

Es hat sehr lange gedauert, bis sich mir endlich dieser Zusammenhang – um mit Blumhardt zu sprechen: dieses »Gottesgewebe« – durchzeichnete durch die so ganz andere Struktur der menschlichen Dinge, die ja auch nicht entfernt etwas Ähnliches auch nur ahnen läßt. Jenes Aufleuchten war nur das unscheinbare Anfangsglied einer Kette, die zur Erkenntnis des christlichen Lebens wieder zurückführte. Mir ist es ähnlich gegangen wie dem Londoner Arzt, der das Penicillin entdeckte. Er beobachtete, daß sich auf einer Bazillenkultur Schimmel gebildet hatte. Er sah unter dem Mikroskop, daß die Schimmelpilze die Bazillen zerstört hatten. Ein Schimmel, sonst nichts. Ein Aufleuchten, sonst nichts. Das Christusantlitz auf dem Gesicht eines Sterbenden.

Eine Entdeckung ganz ohne mein Zutun. Die Entdeckung, daß der christianische Mensch der pneumatische Mensch ist. Daß die christliche Existenz – gibt es so etwas überhaupt – charismatische Existenz ist. [1946]

[1968] Mein Leser stoße sich nicht an dem Wort Charisma! Es bot sich damals dem unbekümmerten Griff nach einem Unterscheidungszeichen wie von selbst an. Ich suchte nach einem Wort für das Besondere der christlichen Existenz und nahm dieses. Charisma ist ein Fremdwort. Es muß für das uns Fremdgewordene, ja, Abhandengekommene, genommen werden. Es ist nicht mehr als Hinweis. Die Richtung, in die dieser Name auf dem Weiser am Wege zeigt, stimmt. Bis zum Tage fand sich kein besseres Wort. Es zeigt auf das Andere, das aus dem Blickfeld geraten war und heute – mehr denn je – noch ist, das mit dem Namen des pneuma im Evangelium genannt wird. Es besagt, daß das Reich Gottes nicht in Worten, sondern in dynamis, das ist: in Kraft, sein Wesen hat (1 Kor 4,20). Wie klein auch immer die Münze, mit der sich etwas von dieser Kraft ausmünzt im Dasein des sterblichen Menschen, darauf zu weisen sollte mir das Wort Charisma helfen. Nicht am Wort bleibe mein Leser hängen! Er löse sich von ihm und bekomme die Sache, auf die es zielt, ins Blickfeld. Es ist nicht ein Wort, das definiert. Es ist ein Wort, das etwas beschreibt. Und das kann nur ein Geschehen sein. Charisma muß in jenem ersten Sinn verstanden werden, gelöst aus seinen Verfremdungen ins Weltlich-Romantische oder Historisch-Wissenschaftliche. Es ist gegen jede Beweisbarkeit gesichert. Das ist wichtig, weil wir uns des Beweisbaren bemächtigen können. Im Neuen Testament ist Charisma Geistesgabe, und der Geist ist das Unberührbare schlechthin. Das meint sein Beiwort: der »heilige«.

Bei Arnold Gehlen[1], dem Soziologen, lese ich, es sei in der idealistischen Lehre vom Menschen »eine höllische Möglichkeit versteckt: der gewärmte, große Kulturstall, in dem die Raubtiere einander umkreisen, ethische Formeln flüsternd«. Ideologie ist Wille zur Alleinherrschaft, der sich die Absolutheit aus der ethischen Forderung erschleicht. Das ist der Punkt, in dem die »Raubtiere« heute unsere theologischen Säkularisten frikassiert und verspeist haben, bevor sie es merkten. »Höllisch«, sagt der Soziologe, und vom »Raubtier« spricht er. In der Johannesapokalypse steigt das »große Tier« aus dem »Meer«. Diese Chiffre war schon um das Jahr Hundert unserer Zeitrechnung unverständlich, geschweige denn heute. Indes haben wir mit Scharfsinn die Ansage letzter Dinge zum Privatissimum verniedlicht. Etwas mehr »Gefahrensinn« (Gehlen) wäre realistischer.

Bei Werner Heisenberg – mein Leser merke: kein Theologe, sondern ein Physiker – steht etwas vom »Teufel«. In seiner Goethe-Rede auf der Hauptversammlung der Goethegesellschaft in Weimar 1967 lese ich von dem »grenzenlosen Bereich der Abstraktionen«. Es könne dieser Weg in die abstrakte Erkenntnis »beim Teufel enden«. Dem aber könne man so leicht nicht ausweichen, wie Goethe meine. Die gleiche Warnung gelte denen, die glauben, »mit der Verbreitung der technisch-naturwissenschaftlichen Zivilisation ... alle wesentlichen Voraussetzungen für ein solches Zeitalter schaffen zu können. So leicht kann man dem Teufel nicht entgehen«.

Der »göttische« Teufel, um mit Luther zu reden, der »gute« Anti-Christ ist unterwegs.

Am Schluß der letzten zwölf Vorlesungen, die C. F. von

[1] Merkur, Nr. 231, S. 117.

Weizsäcker[1] 1946, unmittelbar nach dem Zusammenbruch, in Göttingen hielt, lese ich diesen Satz: »Christus ermöglicht den Antichrist.« Wenn das so ist, wenn die Zusammenhänge so geheimnisvoll ineinander verflochten sind, und Christus in der Geschichte sein eigenes »Anti« hervorbringt[2] – geht eine solche Unterscheidung nicht über menschliche Möglichkeiten? Die Urchristenheit wußte nicht nur um den Antichrist. Sie wußte auch um das Pneuma. Sie wußte, daß sie mit ihrer Verantwortung für die Geschichte nicht allein gelassen war. Das Heils-Werk ist Pneuma-Werk, und wir können uns nur mit ihm identifizieren. Pneuma ist der lange Atem des in der Geschichte durchhaltenden Gottes. Pneuma ist die Geduldskraft der Ewigen Liebe, gegenanzustehen gegen die Selbstzerstörungen unserer umtriebigen Hybris: grenzenlos, leidlos, endlos zu leben; ohne welches Aufhalten das Menschengeschlecht sich längst schon eigenhändig ausgelöscht haben würde.

In der Chiffre des Anti-Christus wird uns ein Codewort zugeflüstert, das uns bei der Entschlüsselung dieser – alles menschliche Augenmaß überschreitenden – Verwicklung hilft. Wir müssen neu überdenken, was das für unser Handeln in der Welt bedeutet. Das Katechon zu sein, das »Aufhaltende«, wäre dann Auftrag der Christenheit.

Im Aufhalten kann man Entscheidendes tun, zum Beispiel einen Amokläufer oder einen Selbstmörder aufhalten. Glücklich, wer dann dieses im Augenblick Alleinmögliche tun kann. Das ist die alte Frage: »Was sollen wir denn tun?«, so fragen die Juden den Täufer. Er antwortet (Lk 3,10): »Wer zwei Röcke hat, der gebe dem, der keinen hat.« Das ist alttestamentliche Ethik. »Der aber nach mir kommt!« sagt er. »Ich taufe nur mit Wasser. Er aber mit dem Geist, der Feuer ist.« Ein neues Blatt wird aufgeschla-

---

[1] Die Geschichte der Natur. Zwölf Vorlesungen. Göttingen 1948, S. 133.
[2] Dazu: Paul Schütz, Ges. Werke, Bd. III, S. 620–625.

gen. Ende der Täuferwelt! Die Wurfschaufel in seiner Hand ist Zeichen dieses Endes. Es wird einiges dem Nichtsein überantwortet, damit Vollendung sein kann. Das zuerst! Und dann das ganz und gar Neue. Nur im Bildwort kann der Täufer stammeln. Nach ihm heißt das Neue »Reich der Himmel«.

Ja – und: »Was sollen wir denn dann noch tun?« (Joh 6,28). Jetzt geht es nicht mehr nur um Menschlich-Mitmenschliches. Jetzt geht es um »Gottes Werke«. Und die Antwort, die alles, die ganze ethische Welt der Väter auf den Kopf stellt, lautet: »Das ist Gottes Werk, daß ihr an den glaubet, den er gesandt hat.« »Denn ohne mich könnt ihr nichts tun« (Joh 15,5). Jetzt ist Gott der Täter, und wir müssen unsere ganze Existenz auf dieses Tun stellen, um Mit-Täter, nicht mehr, zu werden. Da werden wir alle scheu und fallen zurück in die Religion des Alten Testamentes. Da hat man Weisungen. Da bleiben wir dieser Welt treu. Da werden wir in kein neues Hören, kein neues Denken verstrickt. Buße, metanoia, heißt die schmerzhafte Erneuerung von jenem Grund aus, wo der Gedanke sitzt und mit dem Gedanken Bewußtsein sich wandelt.

In der Religion des Gesetzes – da haben wir die Sicherheit der Gebote hinter uns. Da gibt es das nicht, das Wagnis der Existenz im Offenen der Welt, das Glauben heißt. Da gibt es aber auch das nicht, was es allein in diesem Offenen gibt: die Möglichkeit des Unmöglichen, von dem die Prophetie beider Testamente spricht.

Mit Christus hat neuer Weltanbruch, auflösend, entfesselnd, begonnen. Tun läßt sich jetzt nur noch mit ihm durch den »Geist«. In der Welt, mit sich allein, schafft es der Mensch nicht mehr den immer grenzenloser sich weitenden Horizonten einer immer undurchdringbarer werdenden Wirklichkeit gegenüber.

Indes, noch einmal, die Hauptfrage: Was tun?

Dieses »Mit« und »Durch« meint ein Tun, nicht mehr unmittelbar, sondern *mittelbar*.

An dem Verhältnis von Politik und pneuma ist der Unterschied von Unmittelbar und Mittelbar am einfachsten zu beschreiben. Es ist der Unterschied in der Weise, wie beide in der Welt wirken. Die Politik wirkt unmittelbar, das pneuma mittelbar. Das Paradies, das mit Hilfe der Technik vom Menschen geplant und erstellt wird, setzt die Unmittelbarkeit von Apparat und Instrument voraus. In dieser Mechanik ist die Wirkung mit der Ursache gegeben. Das Paradies der technischen Weltgesellschaft kann unmittelbar, das heißt durch Wissenschaft und Politik geschaffen werden.

»Unmittelbar« heißt: Es ist nichts dazwischen. In der Politik muß die Ursache so gesetzt werden, daß unmittelbare Wirkung erfolgt, weil anders Wirkung aus Ursache nicht folgen kann gemäß dem Satz, in dem Ursache und Wirkung unmittelbar »verkettet« sind. Denn in der Politik geht es um das Interesse, und da geht es notwendigerweise in heißer Direktheit zu. Dann wäre der Glaube dort mißbraucht, wo man politisch von Gott redete, gleichgültig, ob in nationalem oder sozialem Interesse, ob aus pragmatischem oder idealistischem Grund. *Mittelbar*, das hieße dann, der Berührungspunkt liegt weiter »hinten«, dort, wo kein Augenschein mehr möglich ist. Er liegt, wie beim Starkstrom, hinter einem Isolierpanzer geschützt. Er liegt dort, hermetisch abgeschirmt gegen jede Berührung. Unmittelbarkeit schließt kraft ihrer Direktheit auch einen hohen Unsicherheitskoeffizienten mit ein. Niemand bürgt dem Menschen dafür, daß sein Weg ins Paradies nicht in der Hölle endet. Kein Wissender bezweifelt diese Doppelgesichtigkeit der menschlichen Dinge heute mehr. Es wird die Exaktheit des unmittelbaren Zugriffs lautlos unterlaufen von einem Unberechenbaren.

Die Wirklichkeit ist nicht eindimensional, wie das immer wieder behauptet wird. In ihr schichten sich unbekannt viele Dimensionen ineinander, die, qualitativ voneinander unterschieden, sich vom Menschen nicht auf eine Gleichung bringen lassen.

Mit der Unmittelbarkeit seines Weltergreifens wächst auch das Ungreifbare vor ihm, um ihn, in ihm. Schneller als sein schnellstes Instrument, der Radarfunke, flieht die Grenze ins Unerreichbare vor ihm hinaus.

Ist Wissen unmittelbar, so Glauben mittelbar. Mittelbarkeit ist das intelligible Gesetz, unter dem der Geist in der endlichen Welt wirksam wird.

Wir fragten nach dem, was Charisma ist. Was aber heißt dann noch »tun«, wenn das Entscheidende uns vorgegeben ist? Hier, mit dem Begriff des Mittelbaren, stoßen wir auf eine Hilfe. Was »mittelbar« heißt, hat Kierkegaard so formuliert: Nur der Götze spreche unmittelbar. *»Gott spricht mittelbar!«* Daß er, nämlich der sagende Gott, die Menschen eher unberührt ließe, als daß er sie tödlich verletzte! Vielleicht war es dies, das aus unserer Erfahrung gerückt war: die Gefährlichkeit dieses »Wortes aus seinem Munde«, von dem die Kreatur nicht nur lebt, sondern auch vergeht. Offenbar war uns die Feuernatur, der Schwertcharakter dieses Wortes, das nicht nur Schöpfung aus dem Nichts heraufrief, das auch Schöpfung ins Nichts zurückrufen kann, in Vergessenheit geraten. Hier war eine neue Besinnung auf die Mittelbarkeit dieses Wortes geboten. Es war nötig, auf den Punkt zurückzugehen, *hinter* der Zone der unmittelbaren Welterfahrung, auf den sehr tief gelagerten Punkt gleichsam der Erdmitte, kraft dessen Unberührbarkeit das pneuma allein wirken kann.

Mittelbarkeit ist Raum »dazwischen«, ist »offenes« Feld, damit etwas noch nicht Vorhandenes Platz habe, zu erscheinen. Es ist Raum für neue Schöpfung. Als pneuma entzieht sich Gott jeder Unmittelbarkeit in der Geschichte. Er schirmt sein Heilswerk auf diesem Wege ab gegen die Hybris einer gefallenen Welt, die nicht »gefallen«, sondern »mündig« sein will. In der Unmittelbarkeit verteidigt der Christ die Souveränität des Geistes und damit den Weg des Heils in der Welt. Der Geist ist unberührbar. Er läßt sich nicht auf die Sprünge helfen. Wir würden ihn sonst manipulieren. Er bleibt unmanipulierbar.

So wirkt Gott in der Geschichte sein Heil. Er wirkt es durch den Menschen. Darum *Mensch*werdung. Das aber heißt: mittelbar! So wahr die Macht durch die Ohnmacht, der Sieg durch die Niederlage, die Auferstehung durch das Kreuz hindurch geschieht. Daß diese Pforte eng, der Weg steil ist und vor allem, daß wenige darauf gehen, das mißfällt uns, steht unseren besten sozialen Instinkten entgegen. Es ist aber die Voraussetzung für das Geschichtswerk des Geistes in der Welt. So und nicht anders beginnt das Gottesreich in der Endlichkeit dieser Zeit und dieses Raumes.

Mittelbarkeit – das heißt, der Geist ändert die Welt, ihre Verhältnisse, Dinge, Ordnungen und Unordnungen nicht unmittelbar wie in der Politik. Er ändert sie vom Kern der Dinge her: über die geänderte Person. Das ist Gottes Mittelbarkeit, im Mittel der Person die Mitte der Welt zu berühren. Person ist der Ort, in dem die Welt von sich weiß, der Ort der Ur-Namengebung aller Dinge. Er ist deshalb auch Knotenpunkt aller Verwicklungen und Entwicklungen. Der Geist weiß, warum er zuerst die Person berührt.

In der Person berührt er den Weltkern. Diese Mittelbarkeit der Personwelt heißt im Johannesevangelium »gezeugt werden von Gott«. Unmittelbar ist nach derselben Stelle das Gezeugtwerden vom Willen eines Mannes.

Der Schöpfer Geist wirkt durch das Medium der Personen mittelbar. Es gibt keine »christliche« Partei, kein »christliches« Programm oder Prinzip »christlichen« Handelns. Solche Unmittelbarkeit ist theologisch verschleierter Terror. Auch hier steht beieinander »Humanité et terreur«.

Der Geist läßt sich nicht spotten. Es ist der Christ, um den es jetzt geht: in der Mittelbarkeit ist auch seine Freiheit verbürgt. Sie schafft ihm den Raum, ein Mensch zu sein, und darin in freier Verantwortlichkeit zu denken und zu tun. In der Politik wird der so Befreite jetzt nicht nach »Weisungen« »christlich« handeln. Dies kann er nicht. Das ist seine Weltlichkeit, daß er sich auf Vernunft und Gewissen hin je nach der Situation entscheidet und dann handelt, sich in diesem offenen Wagnis aber dem Gericht und der Gnade überantwortet weiß.

Hier wird die Vernunft groß. Auf sie bleibt der Christ in der Welt gestellt. Er ist frei, sie zu benützen. Sie ist sein Weltorgan. Es wird gern übersehen, in wie hohem Maße die Propheten des Alten Testamentes Politiker waren. Sie waren das in der Nüchternheit der Vernunft; wo sie politischen Rat gaben, eher im Sinn eines Understatement, auch zum Schweigen und Leiden ermahnend, wenn anderes nicht möglich war. Um dieses Mögliche, nicht Utopische wissen, das war ihr politisches Ingenium. Der Nächste und das Nächste sind Grundbegriffe im Tun des Möglichen, der nächste Mensch und die nächsten Schritte. Dieses Nächste dann aber auch wirklich tun. Die Arbeit am Detail, die kann man wirklich tun. Das Detail allein hält uns in der Realität und belohnt uns mit dem Erfolg, die Ungerechtigkeit herabzumindern auf das geringste Maß. Im Tun des »Nächsten« hat der Christ den Weiser, der ihm den möglichen Weg zeigt. Es ist besser, schlecht zu realisieren, als gut zu idealisieren. Blochs »konkrete Utopie« ist ein »hölzernes Eisen«. Es verschleiert uns das Mögliche.

Ich sprach von den Propheten und daß sie realpolitisch dachten, daß sie des Menschen Möglichkeit im Partiellen begriffen, das Totale aber als Gottes Möglichkeit glaubten. Das ist der Hauptunterschied unseren binnenweltlichen Eschatologien gegenüber. Das Totale hatten die Propheten in so hohem Maße als die Sache Gottes begriffen, daß sie hier nur in neuer Schöpfung denken konnten. Das sprachen die Jesajanischen Bilder aus vom pflanzenfressenden Löwen und vom Säugling, der am Loch der Giftschlange spielt. Es meint Aufhebung der biologischen Natur. Diese Wandlung geht nur durch einen Schöpfungsakt. Und daß der messsanische König den Tyrannen mit dem »Stab seiner Lippen« schlagen wird, das ist erst recht nicht mit den Kategorien, weder des natürlichen noch des geschichtlichen Seins, vorstellbar. Die Prophetie des Neuen Testamentes hat hier richtig hingehört, wenn sie vom »Königreich der Himmel« spricht.

Noch aber sind wir Sterblichen auf dieser Erde, die mit des Menschen Vernunft ein geheimes Maß gemeinsam hat, das im Gewissen warnend anwesend ist. Gewissen ist Leidenschaft im Sinne eines Leidens an der Verantwortung. Im Gewissen ist mitgewußt das »Welt-Gericht«, in dem die Vernunft sich wird zu verantworten haben am »Tag Gottes«, in dem alle »Tage des Menschen« aufgehoben sein werden. Die Freiheit ist untrennbar von dieser Verantwortung. Der Christ ist der letzte Schutz der Freiheit in der Welt der totalen Ansprüche.

Die Person-Welt der Geistes-Gemeinde ist das Instrumentarium, durch welches hindurch das pneuma schöpferisch in der Geschichte wird. Diese besondere! Mit dem Geist zusammen wird im dritten Artikel diese besondere Person-Welt bekannt. Diese »Gemeinschaft der Heiligen« ist der Transformator, über den der Umschlag vom »Geistlichen« ins »Weltliche«, den Zeiten gemäß, immer neu sich vermittelt. Solange das »große Interim« dauert und die Zeit noch nicht »aus ist«. Dann erst wird die Unmittelbarkeit »von Angesicht zu Angesicht« erschienen sein.

Was sollen wir denn tun? Das läßt sich nicht trennen von der Frage, wie wir es tun sollen. Ob wehrwillig oder wehrverweigernd, ob pro Israel oder pro Arabia, ob pro Kommunismus oder Kapitalismus, und was der Engagements noch mehr sein werden – für den Christen gibt es kein Ausweichen in irgendeine Abhängigkeit, heiße sie Bibel oder Lehramt, Konzil oder Papst. Er muß sich selbst entscheiden, seinen Kopf in persona hinhalten und Kampf und Leiden dieser Zeit vorbehaltlos auf sich nehmen. In Kampf und Leid muß er das Gesetz des Salzes erfüllen, das sich in die Welt auflöst und im Auflösen sie salzt. Der Christ kann sich dieses Passivum leisten, ohne gefährlichen Identitätsverlust etwa in einem Über-Ich, das ihn in der Aktion gleichsam frißt, heiße es, wie es wolle: Nation oder Menschheit, Rasse oder Klasse. Ist doch die Ideologie das Bewußtsein des Über-Ichs, mit dem der Engagierte, seine Identität verlierend, sich identifiziert. Die »Bewegung« geht weiter, durch ihn hindurch, über ihn hinweg. Der Glaube, der ein unablässig vollzogener Akt der Freiheit ist, schafft den Glaubenden mitten im »Engagement« jeden Augenblick neu.

Im Verschwinden ist der Christ erst ganz da in der Welt. Die Freiheit eines Christenmenschen ist eine harte Sache, alles andere als »Jedermanns Ding«. Wie er »ein Herr aller Dinge« ist, so auch ihr »Knecht« (Luther). Beides aber aus Freiheit.

21. Brief (1946)

Ja, Hilfe ist es, zu wissen, daß die Schöpfung noch nicht fertig ist; daß die Hauptsache erst kommt; daß die Saat nur keimt auf dem »Acker der Welt«. Hilfe ist es zu wissen, daß in der Geschichte Mächte der Finsternis ihr Wesen treiben und daß ein heiliges Gottesgewebe mitten durch diese Geschichte hindurchwächst; daß der Heilige Geist jeden einzelnen Menschen anruft, sich in dieses geheime, neue Leben des Gottesreiches hineinweben zu lassen. [1946]

22. Brief (1946)

Es ist schon so, wie Sie sagen: daß wir »dann« keine Christen mehr sind. Wir sind's nicht. Wir müssen's werden. Das ist's. Der Christ muß wieder neu unter uns aufstehen.

Und man darf da heute Hoffnung haben. Heute gilt wieder das Christuswort, daß Gott sich könne Kinder aus den Steinen erwecken. Es sind nämlich gerade die Zeiten des verborgenen Gottes, in denen dieses Wunder geschieht. Es sind die Zeiten der Leiden und Verfolgungen. Und in diesen Zeiten steht die Urgestalt des Christen wieder auf. So ist der christianische Mensch in Rußland und in Deutschland zur Zeit der Christenverfolgungen wieder aufgestanden.

Ein deutscher Pfarrer dichtet im Gestapokeller wenige Monate vor seiner Hinrichtung ein Lied, das so beginnt und schließt:

Von guten Mächten treu und still umgeben,
behütet und getröstet wunderbar
…
erwarten wir getrost, was kommen mag.
…
Und reichst du uns den schweren Kelch, den
bittern,
des Leids, gefüllt bis an den höchsten Rand,
so nehmen wir ihn dankbar ohne Zittern
aus deiner guten und geliebten Hand.[1]

Es gibt dieses charismatische Leben im Bereich des Einzelnen, und es gibt dieses Gottesgewebe mitten durch die Geschichte hindurch. Hier muß man wie ein Forscher arbeiten, der im Begriff ist, eine Heilkraft aus ihrer schier undurchdringlichen Naturverschlungenheit freizulegen, d. h. auf sie zu zeigen in dem Sinn, daß sie da ist. Denn mehr ist hier nicht möglich. Für sie gibt es keine Techniken der Bemächtigung wie für die Kräfte der Natur.

---

[1] Dietrich Bonhoeffer im Berliner Zellengefängnis der Geheimen Staatspolizei am 5. Januar 1945.

Dankbar muß ich hier zweier Deutscher gedenken, die mich recht eigentlich »auf die Fährte« gesetzt haben. Es sind die beiden Blumhardt, Vater und Sohn. Bitte, lesen Sie doch einmal die Lebensbeschreibung des Vaters, die Friedrich Zündel geschrieben hat! Nicht nur das, was da in Möttlingen »geschehen« ist, etwa im sogenannten »Kampf« Blumhardts am Krankenbett der Christine Dittus, sondern, was überhaupt sein und seines Sohnes Leben war, ist ein Zeugnis charismatischer Wirklichkeit in unserer Zeit.

Ich schließe nun meinen Brief, daß er endlich zur Post geht. Wie ich dies alles so schreibe, wird mir bewußt, um wieviel Zeit und Geduld ich Sie noch bitten muß, bis ich Ihnen da wirklich Rede und Antwort gestanden habe! Und, lieber Freund, um wieviel Nachsicht für mein tappendes Führen, dessen ich mir jetzt im Anblick der »Sache selbst« bewußt werde. [1946]

[1968] Die Basis des Christlichen wird heute wieder an die Oberfläche heraufgetrieben. Die Auflösung des historischen Christentums gibt ihm den Weg frei. Die allgemeine Säkularität macht es in seiner Anderheit wieder erkennbar. Zu ihm gehört, daß es der ›Geist‹ schafft, daß es durch die ›Personen‹ der ›kleinen Zahl‹ geht.

Pneuma, die Person und die kleine Zahl – die sind *ein* Organon. Ihr Wirken ist nur im Zusammenspiel. Gerade in ihrem Anderssein sind sie den Strukturen der Massengesellschaft wie zugeschaffen. Sie sind so notwendig, daß sie geradezu erfunden werden müßten. Die »kleine Zahl« (das Klümpchen »Sauerteig« des Gleichnisses) fermentiert die Vielen (die »drei Scheffel Mehl«). Das Ferment besteht aus Mikroorganismen. Sie sind unsichtbar. Sichtbar ist nur die Veränderung, die sie im Stoff hervorrufen. Sie kommt von selbst, ist das Ferment ihm erst einmal beigegeben. Das andere aber geht nicht von selbst: daß es das Ferment überhaupt gibt. Nicht das Weltlich-Werden ist die Sorge. Vielmehr das ist die Sorge, daß etwas da ist, was nicht weltlich ist und darum weltlich werden kann. Und dies ist mein Thema, danach zu fragen, was nicht weltlich ist (das pneuma!), aber weltlich werden kann, ja muß, weil es sein Wesen ist, Welt zu werden. Um das Entstehen geht es (das pneuma), nicht um das Entstandene (Säkularität). Um das, was macht, daß etwas ist, nicht um das Gemachte. Das Gemachte ist immer zugleich schon ein Vergangenes.

Eine Antwort auf die Frage dieser Briefe – ist sie überhaupt möglich – muß unableitbar und ausschließlich sein. Nicht ein säkularisierend-zerfließendes, sondern ein qualifiziert verdichtetes Evangelium muß diese Antwort sein. Sie muß sich unterscheiden von der Säkularität als Antwort. Sie muß dezidiert *nach*säkulär sein. Wenn ich mich historisierender Vergleiche bedienen wollte, so würde ich sagen, wir befinden uns in einer Zeit mit nachkonstantinischen Zügen. Das Jahrtausend des politischen Christentums ist zu Ende. Das Gottesreich läßt sich nicht mit Gewalt errichten, weder von oben noch von unten. Dieser Versuch, dem trotz allem Größe eignet, hat seine Möglichkeiten erschöpft. Eine Antwort wird künftig ihr Kriterium daran haben, ob sie die Verkrustungen des Historisch-Säkularen durchbrochen hat, ungeachtet dessen, daß dieses Gewordene nicht ohne das historische Christentum hätte werden können.

Die Säkularität ist das Endphänomen des historischen Christentums. Sie war eine der möglichen Wirkungen des Evangeliums. Seine Erfüllung ist sie nicht. Im Tresor des evangelischen Geheimnisses sind neue Schöpfungsentwürfe gespeichert, wovon das prophetische Wort etwas verrät.

Das Evangelium erfüllt sich nicht im Aufgehen im historischen Prozeß. Es ist mehr als alles, was sich im Feld von Ursache und Wirkung entfalten kann. Es ist in gewissem Sinn die Aufhebung des Kausalprozesses. Es wird immer neu – und das in der individuellen wie in der allgemeinen Geschichte –, indem es in diesem Prozeß aus seiner Unableitbarkeit immer neu einbricht, ihn stört, aufhält, ihn sich selbst zum Gericht werden läßt und ihm wieder eine neue Chance gibt. Nicht Fortschritt, sondern Umkehr, nicht Entwicklung, sondern Schöpfung, sagt es.

Chichester, der britische Weltumsegler, meinte: »Wenn das Ziel sichtbar wird, ist das Schönste an einem solchen Unternehmen vorüber. Mich fasziniert immer wieder der Anfang.« Auch mich fasziniert der Anfang, das Aufbohren der Quelle. Das gehört zum Glück des Christen in dieser Welt der Endprodukte, der Endformen, in der alles schließlich zum Konsum wird. Das Glück des Christen hat etwas vom Glück des Sisyphus an sich, den man sich nach Camus »als einen glücklichen Menschen vorzustellen habe«. Es ist ein doppeltes Glück. Unabhängig vom Bestehenden zu sein, keinen Frieden mit dieser Welt zu machen, die Verführungen des Mythus der »blinden Vitalität« kühl zu durchschauen und den langen Atem der Geduld zu haben, der aus einer anderen Dimension, die mehr als weltlich ist, gespeist wird.

8. Der unterirdische Mann in uns

23. Brief (1937)

Sie schreiben mir, ich hätte Sie nun sehr neugierig gemacht nach der Gestalt des neuen Christen. Sie sagen, es fehle Ihnen da an jeglicher Anschauung. Dabei spüre ich zwischen den Zeilen Ihres Briefes ein wenig den Verdacht, es möchte sich hier um eine theologische Konstruktion oder um die Ausflucht in eine Art Schwärmerei handeln. Das aber ist das Letzte, was man heute brauchen kann.

Es bleibt mir demgegenüber gar nichts anderes übrig, als Ihnen, so unvollkommen ich das in unserer heute so großen Armut vermag, zu beschreiben. Ich bitte Sie nochmals, sich vor Augen zu stellen, was ich Ihnen von dem Aufleuchten des Christusantlitzes bei einem Ihrer früheren Besuche bei uns erzählte. Dort nämlich hat meine Entdeckung begonnen. Sie können an diesem ersten Beispiel ermessen, wie sehr man hier – ich habe kein anderes Wort – auf den »Zufall« angewiesen ist. Wie wenig es sich also um einen logischen Zusammenhang handelt, der sich restlos aufdecken ließe, wenn man das ganze Gewebe an einer Stelle zwischen die Finger bekommen hat. Denken Sie an unseren Liebling, den Jagdhund, wie er es macht, bevor er die Fährte gefunden hat. Haben Sie schon einmal beobachtet, wie das in die Kreuz und die Quer geht? Besonders, wenn er auf einer Spur läuft, die verwischt ist, und wo er suchend immer wieder neu aufsetzen muß? Sehen Sie, genau so ist das hier. Die Hauptsache ist dabei, daß man die Witterung behält.

Wie scheinen alle Organe in uns erstorben zu sein, um solchen Wundern nachzuspüren! So ganz und gar sind wir verkümmert zu Intellekt und Willen. Da darf man wirklich sagen, wo in einem solchen Geschlecht wieder das Ahnen erwacht und sich gar zum Sehen erhebt, da hat der creator spiritus sein Schöpferwerk an uns Krüppeln schon wieder begonnen. Da bildet er uns schon wieder an, was an Sinn und Glied uns verloren ging. Da ruft er wieder das Urbild herauf und läßt uns wieder wachsen zum »vollkommenen Mann«. Wo solches Erkennen wieder möglich ist, da hebt das charismatische Leben mit erstem schüchternen Anlauf wieder an.   [1937]

[1968]   Nein! Man sieht keinen Christen mehr heute. Damals, in der Verfolgungszeit, brachte die Not wohl noch einen hervor. Aber heute ist Wohlstandszeit. Mit revolutionärer Kraft drängen ganze Völker-Kontinente in die Glücksräume der technischen Zivilisation herauf, in deren Belle-Etage wir wohnen. Da werden unsere Kinder noch etwas erleben! Hier steht das Jahrhundert auf Sturm. »Brot für die Welt«, das ließe sich technisch noch schaffen, vielleicht sogar die Zügelung der »Bevölkerungsexplosion«. Aber was danach ansteht, der große Sturm der Glückserwartung, der Aufbruch der Massen der Erniedrigten, der deklassierten Rassen, der »Kellerlochmenschen« in die Belle-Etage!

Indes, wie sieht es hier aus? Unsere Vorstellungswelt ist beschlagnahmt, unsere Kräfte aufgezehrt vom Leben im neuen »Paradies«. Die klassenlose, rassenlose, die völ-

119

kerlose Weltgesellschaft kommt. Und mit dieser paradiesischen Egalité die Ideologie, die diese »konkrete Utopie« dogmatisiert. Zweifellos, dies ist der Trend. Kein Platz mehr für irgendein anderes Denken als eben nur dies. Wir rationalisieren auch unser Bewußtsein auf die äußerste Einfachheit hin. Eine große Entproblematisierung ist im Gange. Die Entmythologisierung, die Enttheologisierung sind nur ein Moment in der Pragmatik dieser Vereinfachung. Alle Geschichtserfahrung straft eine solche Vereinfachung Lügen. Weil sich Geschichte nicht ent-problematisieren läßt, sondern das dynamisch sich verdichtende Knäuel unserer Existenz ist, deshalb unsere Auflehnung, unsere Leugnung von Geschichte schlechthin. Unser geschichtliches Schicksal ist so verwickelt, wird immer verwickelter, daß wir vereinfachen müssen, daß wir lügen müssen, immer neu, immer raffinierter, wachsend mit wachsender Komplikation, um von einem Tag zum anderen überleben zu können. Denn eben dies kann man mit Scheinwahrheiten, aber eben nur von einem Tag zum anderen. Aber der Mensch ist anders. Er ist auf der Flucht vor der eigenen Wahrheit. So stürzen wir von Katastrophe zu Katastrophe.

Der Christ glaubt. Es trifft schon den Kern, vom christlichen *Glauben* zu sprechen. In einer operablen Welt, rational durchsichtig, auf reine Funktion zurückgeführt, ist Glaube überflüssig. So kommt die faszinierende Lüge des falschen Bewußtseins zustande. Hier ist alles so einfach gemacht, daß Glaube Nonsens ist.

Der Glaubende, der glaubt, weil er ein unbestechlicher Realist ist, ist heute der einsamste Mensch. Die besten Freunde lächeln mitleidig hinter seinem Rücken. Er glaubt, weil die Welt absurd ist. Er glaubt wegen des großen Absurdum, das ihm täglich an seinem eigenen Leib vorgeführt wird. Und am Leib aller anderen. Er glaubt nicht »an«, sondern »weil«, »weil« das Leben absurd ist. Die Dogmen, zum Beispiel »Gott ward Mensch« oder »niedergefahren zur Hölle«, entsprechen mit ihrem Absurdum genau dem

Absurdum des Lebens. Es sind komplementäre Größen. Zuerst aber war die Erfahrung der absurden Existenz da und dazu die ebenbürtige Antwort: niedergefahren in dieses Absurdum. Die Erfahrung des ausweglosen Konfliktes, der Ziellosigkeit der Geschichte, der Sinnleere des allgemeinen Daseins, ist der Wahrheitsstachel der »absurden Literatur« unseres Jahrhunderts. Dieser Stachel geht direkt ins Auge, und unsere Reaktion kann nur so sein, wie sie ist: eine Reflexbewegung der Abwehr, der harte Gegen-Schlag des Nein aus dem Affekt unserer euphorischen Vitalität. Je wahrer das Absurde, desto leidenschaftlicher seine Leugnung, und man müßte keine Kreatur sein, um diesen Schlag nicht immer neu zu wiederholen, bis das Absurdum im Schweigen des Todes unser Nein verschlingt und sich endgültig ins Recht setzt.

Glaube ist das Wagnis des Vertrauens, sich dem Absurden anzuvertrauen. Es ist die Frage an das Tiefverborgene, die bereit ist, ohne Antwort zu bleiben, und in dieser Hingabe, die jede Forderung zuvor hat fallenlassen, Frieden zu empfangen. Denn so ist die Wirklichkeit, die ungreifbare, unverfügbare, unverstehbare, daß gerade aus ihrem Unmöglichen, aber über alle Begriffe hinaus Wirklichen, daß aus dieser Logik des Absurden so etwas kommen kann, wie »auferstanden von den Toten«. Macht und Wirklichkeit des Tiefverborgenen können nicht anders angezeigt werden in der Dunkelheit unseres unaufklärbaren In-dieser-Welt-Seins, als in der Unauflösbarkeit dieser Chiffren des Glaubens. Die Formeln des Apostolikums sind Hieroglyphen von barbarischer Härte. Sie spotten jeder Durchleuchtung, durchleuchten aber selbst, wo sie auf die Härte ebenbürtiger Realität stoßen.

Die absurde Antwort allein ist der absurden Frage gewachsen. Absurd ist, daß es das Böse gibt und daß das Böse so bös ist, daß es die Welt in Frage stellt.

Ja, man sieht keinen Christen mehr. »Gott ist tot.« Die Bibel »ein Buch wie alle anderen Bücher«. »Die Wüste wächst.« In dem Film »Blow up« sieht man am Schluß die

Hauptperson ganz allein auf einer Wiese stehen. Sie ist offenbar von oben aus einem Flugzeug fotografiert. Man sieht, wie die Gestalt immer kleiner wird, wie unten in der Tiefe der leere Raum um sie wächst.

Ja, man sieht keinen Christen mehr. Um so mehr schulden wir, sein Bild uns wieder zurückzugewinnen. Nicht nur in der Physik ist die Theorie notwendig, auch in der Theologie. Gedanken müssen erst da sein von dem, was sich verleiben will. Wie – und ob überhaupt – Verleibung, das ist eine andere Frage. Aber auch hier geht das Wort voran, der Anruf, die Namengebung. Man muß den Namen wissen, um rufen zu können. Aber es ist, als ob in der Theologie der Name verlorengegangen sei. Verloren im Gewirr der Rücksichten, Vorleistungen, Angleichungen an die Mythen der Zeit. Ist es nicht das, was wir den »Zeiten« schulden, dies Quentchen Unabhängigkeit in der Zeit von den Zeiten? Könnte es sich nicht darum lohnen, um dieser produktiven Unabhängigkeit willen, ein Christ zu sein?

24. Brief (1937)

Sie fragen mich, ob nicht beim genialen Menschen etwas Ähnliches vorliege wie beim charismatischen Menschen. Denn es sei doch auch hier die Ausstrahlung auf Menschen vorhanden, ganz besonders deutlich beim politischen Genie. Hier sei es ja auch schon gebräuchlich, das Wort »charismatisch« zu verwenden.

Auf diesen Vergleich bin ich im Gespräch schon wiederholt gestoßen. Das hat natürlich seinen Grund.

Ich möchte meinerseits neben den genialen noch den dämonischen Menschen stellen. Und möchte sagen, daß selbst der dämonische noch in einer Beziehung zum Heiligen Geist steht. Der dämonische Mensch ist abtrünniger Gottesgeist. Er hat magische Kraft in sich. Das hat er noch von Gott. Aber das alles in Freiheit wider Gott gekehrt. In ihm lebt der luziferische Glanz des Bösen. Und nun der Geniale! Er ist *nicht mehr* Heiliger Geist und *noch nicht* abtrünniger Geist. Er schwebt losgelöst zwischen beiden. Er ist der Genius der von Gott gelösten Kreatur, die um ihren eigenen Mittelpunkt kreist und diesen für die göttliche Mitte hält. Fällt der Geniale der Hölle anheim, so wird er ein großer Dämonischer. Fällt er dem Himmel anheim, so wird er ein angelischer Mensch. Um beide ringt der Heilige Geist. Auch ein Dämonischer kann noch ein Christ, und zwar ein großer Christ, werden. Um Judas rang er vergeblich. Paulus gewann er.

In der Theorie mag es da wohl ein Auseinanderhalten geben. Im geschehenden Leben nicht. Man wird ganz schlicht nur das sagen können: daß der charismatische Mensch mit seinem ganzen Wesen auf den ausgerichtet ist, der den Geist gibt, weil er der Geist ist: auf Christus. [1937]

[1968] Dämonischer guter Antichrist!

Das Luziferische in uns kann nicht zur Ruhe kommen. Im messianischen Anspruch des Anti-Christus lebt es weiter. Die Erde ist voll davon. Wir alle sind voll davon. So überzeugend wirkt seine Verheißung, daß er es wagen kann, Christus auf dem Berg der Versuchung aufzufordern, vor ihm niederzufallen. Irgendwo las ich dieser Tage – es könnte bei Nietzsche zu finden sein –, der Anti-Christus sei die höhere Phase des Christus, in der er den Christus ablöse und überwinde. Dann trüge das Christentum an allem Elend der Welt Schuld, vor allem daran, daß es mit seiner Jenseitslehre den Menschen hindere, das Reich des Friedens auf Erden nun endlich zu errichten, ja über diesen ideologischen Einwand hinaus, daß, gäbe es den christlichen Gott, es ihn dann nur als den Verbrecher gibt, der diese mißglückte Schöpfung ins Sein gerufen hat, als den Anstifter dieses Wirrsals, das wir Geschichte nennen. Der Anti-Christus zieht den Christus zur Rechenschaft: Der Mensch ist mündig, nicht sündig. Gott ist der Angeklagte. Die mündige Welt richtet ihn.

25. Brief (1937)

Lassen Sie mich einmal in der unvermeidlichen Wahllosigkeit, wie mir die Einzelheiten eben zu Gebote stehen, einige Anzeichen des charismatischen Lebens niederschreiben.

Ich gestehe, daß ich dies zum ersten Male tue, durch Ihre Fragen veranlaßt. Ich bin selbst gespannt, was dabei herauskommt. Verstehen Sie wohl, es liegt mir nichts ferner, als hier etwas beweisen zu wollen. Der »Geist« kann sich nur selbst beweisen. Ich kann sozusagen nur einen Indizienbeweis versuchen.

Lassen Sie mich mit dem Punkt anfangen, an dem für mich die ganze Entdeckung anfing. Nämlich, daß das Christusantlitz sich abzeichnete auf jenem dunklen Fleische, von dem ich Ihnen erzählte. Daß es sich zeigte in jenem nüchternen Alltag des Dorfes, in dem man sich gegenseitig nicht viel vormachen kann, weil man einander so gut kennt. Endlich, daß es sich zeigte gerade in denjenigen Stunden des Alltags, in denen es am dicksten herging; auf den schweren Krankenlagern und Sterbebetten.

Dem aber folgt sogleich das andere: daß der Dabeistehende dieses Sich-Zeigende erkennen kann! Es ist also die erste Antwort auf jene Frage: Wo bist du, Gott? *Da* bist du! *Da* erkenne ich dich! *Da* in dieser Finsternis, in der Hölle habe ich dich siegen gesehen. Nur wer die antwortlose Verzweiflung dieser Frage nach Gott kennt, weiß, daß solche Antwort ein charismatisches Geschenk ist. Ja, *da* in der Finsternis, da in der Hölle!

Die Entdeckung des Teufels hing damit unmittelbar zusammen, war diesem Sehen in jahrelangem widerstrebenden Erkennenmüssen vorangegangen. Es war da ein neues Sehvermögen in der Stille entstanden: ein Sehenkönnen der Wirklichkeit der Welt, ohne zu dem Opium der Philosophie greifen zu müssen. Der Welt, nicht als fertiger Ordnung, nicht als anzuschauenden Bildes, nicht als architektonischen Baus; sondern der Welt als des dynamischen Stroms einer noch nicht fertigen Schöpfung, hungernd und dürstend nach ihrer Vollendung.

Sie erinnern sich an den »Drehpunkt« unseres Gesprächs »von der Illusion zur Wirklichkeit«.

Lassen Sie mich hier erst einen Augenblick innehalten und uns das nächste Mal medias in res steigen!

Dieses Sehen-Können der Wirklichkeit war ja die Vorbedingung zu allem anderen.

Lassen Sie uns das zunächst einmal vor uns auf den Tisch nageln.   [1937]

[1968] Es war falsch, daß ich 1937 namentlich Beispiele für den »charismatischen Menschen« zu geben suchte. Mensch bleibt eben das »ungebärdige Fleisch«, und das wird offenbar, wo man auf ihm etwas vom Charisma

125

sucht. Es ist, als ob es sich dann erst recht dem zugreifenden Blick entziehe.

Das charismatische Ferment ist verborgen unzähligen Namenlosen in allen Klassen und Rassen, Künstlern und Soldaten, Politikern und Arbeitern gleichsam beigemischt. Es arbeitet in ihnen, indem sie sich an sich arbeiten. Es geht etwas in der Natur (im »Fleisch«) vor sich, wie eine unmerkliche, stetige Mutation. Das Leben wird nicht leichter, eher umgekehrt. Es gewinnt an einer Intensität nach innen und nach außen, die an die Grenzen der Kraft gehen kann. Da ist ein Anruf geschehen, der nichts in mir ausläßt, der alles in mir in Bewegung setzt, meine Gaben und Vorzüge, aber auch meine Leidenschaften und Schwächen. Immer aber auf ein bestimmtes Ziel hin, das den Namen Christus trägt. Vielleicht sollten wir lernen, den Ruf zur Nachfolge viel freier zu verstehen, auf das Ganze unserer Existenz hin gemeint, nicht auf Eigenschaften.

Hier gerät man mit dem Definieren und Systematisieren allzu leicht an ein Ende. Es geht um das konkrete Existieren, und dem läßt sich mit noch so scharfem Reflektieren nicht beikommen. Im Rücken ungedeckt und mit offenen Flanken steht der Glaubende in der Welt. Das gehört offenbar zu seinem Stand.

Ich komme nicht darum herum: In der christlichen Existenz ist etwas Unberührbares am Werke. Es läßt sich nur umschreiben, nicht direkt angehen. Jeder Versuch einer direkten Antwort führt ins Illusionäre. Chiffre, Bildwort, Gleichnis gehören darum zur Weisheit der biblischen Sprache.

Der Glaube ist eine Weise, dem Undurchdringbaren der Dinge in einer gemäßen Gestalt zu antworten. Im Glauben denken heißt umdenken (meta-noia!). Dieses Denken will nicht auf »Nummer Sicher« gehen wie das wissenschaftliche Erkennen. Es ist ein Wagnis darin. Durch das Auslassen des Nichtwißbaren, Nurglaubbaren erzeugt wissenschaftliches Denken, wenn es sich absolut setzt, das falsche Bewußtsein.

Da ist etwas in jenem berühmten Gerichtsgleichnis von den Böcken zur Linken und den Schafen zur Rechten, das uns auf diesen Weg weist. Es ist dies, daß die »Gesegneten«, die das »Reich erben« werden, gar nicht wissen, warum. Jesus läßt sie in dem Gleichnis immer wieder fragen: Herr, wann haben wir dich denn eigentlich hungrig gesehen? Wann durstig? Wann – wann – wann haben wir dich gespeist, getränkt, bekleidet? Sie sind sich nicht bewußt, dergleichen getan zu haben. Das, was man tut mit der Rechten, ohne daß die Linke davon weiß, das ohne Absicht Getane, »das gerade ist es, das ihr mir getan habt«.

Auf dem ›Nicht-wissen-warum‹ liegt das Gewicht, auf dem in Selbst-Verlorenheit Getanen.

Die zur Linken wissen um das, »was gut und böse« ist. Selbstverständlich haben sie sich für das Gute entschieden. Ihre erstaunte Frage kann daher nicht anders lauten als so: »Wann haben wir dich in Not gesehen und dir nicht gedient?« Hatten sie ihm nicht immer gedient, mit dem Bewußtsein, der Überzeugung und der Verantwortung des ethischen Menschen? Hier war Ideal und Engagement im Dienst des höchsten Gebotes. Jenem Unberührbaren sind wir hier ganz nahe. Es ist unabhängig von unserem Verstehen oder Nichtverstehen. Seine Stärke ist (und auch seine Schwäche!), daß es *unabhängig* von unserem Bewußtsein, unserem Intellekt und Willen, zugleich aber auch von unseren Affekten und Trieben ist. Um zu umschreiben, was es ist, gehört daher, zu sagen, was es nicht ist. Unabhängigkeit ist ja zunächst auch etwas Negatives. Es ist ein Nein darin, das einen Freiraum offen hält, einen Abstand ausspart für etwas, das ich nicht bin. Im Gleichnis ist dieses skandalöse Nein das Hauptwort. Es grenzt den Frei-Raum aus, in dem das Entscheidende meiner Beflissenheit entzogen ist. Gerade die Nicht-Wissenden heißt Jesus »die Gesegneten seines Vaters«. Dieses Nein ist ähnlich dem, was in jener Legende von den fünfunddreißig Gerechten erzählt wird. Sie sind es, um deretwillen die Welt erhalten bleibt. Niemand weiß, wer diese Gerechten sind. Vor allem – sie selbst wissen nicht, daß sie zu den Fünfunddreißig gehören. Sie wissen überhaupt nicht, daß sie »Gerechte« sind. Genau sie heißen »die Gesegneten«, denen »das Reich bereitet ist«, bevor sie da waren, bevor sie etwas wissen und wollen konnten: »vor Grundlegung der Welt«.

»Vor Grundlegung der Welt!« Es ist, als sei in den Nichtwissenden die Unschuld des Paradieses wieder heraufgekommen gegen die im »Fall« wissend gewordene Kreatur.

26. Brief (1937)

Wie gut war es, daß Sie gestern selbst kamen!

Das Ergebnis unseres Abends ist mir inzwischen täglich fruchtbarer geworden. Es gibt Worte, die in der Wortmühle unserer Zeit nicht zerrieben werden können. Sie ergänzen das Verlorene durch den Zustrom, der ihnen aus unserem Alltag zufließt. So ein Wort ist: der »Nächste«. Erinnern Sie sich doch bitte an das, was ich Ihnen vor einigen Wochen schrieb über die Massenordnung und die Einsamkeit der Person in der modernen Welt. Erinnern Sie sich daran, daß ich damals vom Innenraum der Personenwelt sprach! Und an die Mächte der Aufspaltung, die hier – den politischen Gewalten unzugänglich – ihr Spiel treiben. Was da Vater und Sohn, Mann und Weib, Nachbarn und Nachbarn, Kamerad und Kamerad *inwendig*, dh. zu *persönlichen* Feinden macht, darum geht es. Darum, was dort den Einzelnen bis in den Seelengrund hinab einsam sein läßt. Das sind jene zerstörenden Gewalten, die, solange es ein Menschengeschlecht auf dieser Erde gibt, selbst die beste

Ordnung der Gemeinschaft, die Menschen fanden, nicht überwinden konnte. Hier geht die Front hindurch, an der der Christ für die Gemeinschaft kämpft. Hier, in diesen unzugänglichen Innenkasematten des Herzens. Dieser Kampf wird nur Mann gegen Mann bestanden. Er ist durch und durch Einzelkampf. Und geschieht unter der Decke des Alltags. Es gibt da keine Zuschauer und keine Belohner. Denn er vollzieht sich angesichts der Einsamkeit der Einzelnen, deren Durchbrechung sein Ziel ist. Wie der auferstandene Christus durch verschlossene Türen hindurchging, so auch sein Jünger! Wo kein Gespräch mehr zwischen Menschen möglich war, da löst er die Verkrampfung. Ich kann Ihnen aus meiner Seelsorge bezeugen, daß eher Felsen von selbst zerbersten, als daß sich Menschenherzen gegeneinander öffnen, die sich einmal gegeneinander verschlossen haben. Hier müssen Wunder geschehen. Es ist fast so schwer wie einen Toten aufzuerwecken. Und doch geschieht dieses Wunder. Man hat es sich nicht vorgesetzt, und doch tut sich plötzlich die Tür auf, zum eigenen Erstaunen. Oft gerade dort, wo man mit seiner besten Absicht die Tür noch fester ins Schloß getrieben hat. Plötzlich gewinnt ein Wort Kraft, das vielleicht nur so nebenbei fiel, einen Menschen vom Selbstmord zurückzureißen und sein Leben in eine ganz neue Richtung hinaus zu bewegen. Plötzlich ist der Gegner entwaffnet, er weiß selbst nicht wie. Er wird ganz ruhig. Die Besessenheit weicht. Sein Ohr ist ihm aufgetan und er kann wirklich zuhören. Welch ein Ereignis, dieses sich dem Anderen schweigend Öffnen! Welch ein Ereignis unter heutigen Menschen, dieses Einander-wieder-zuhören-Können! [1937]

27. Brief (1946)

Ich fahre sogleich fort, um den Faden nicht zu verlieren. Ich möchte so gern, daß wir wenigstens in Umrissen zu Gesichte bekommen, was das meint: das charismatische Leben – die christianische Existenz.

Es geht einem da wie in einem dunklen Raum. Ist man erst eine Weile darin, vermag man Gegenstände zu erkennen, wo man zuvor nicht die Hand vor Augen sah.

Was ich Ihnen gestern schrieb, ging mir heute nacht noch nach. Ich las kürzlich eine Definition der organisierten Massenexistenz. Sie sei, hieß es da, die Aufsummierung aller Einzelbegehrlichkeiten zur kollektiven Gewalttat und das unter dem Schein des Rechts. Es ist hier richtig gesehen, daß die Dämonisierbarkeit der Triebe ein Merkmal der Existenz in Masse ist. Eben darum, an diesen gefährlichen Punkt hin, ist das Charisma ausgesandt. Da, wo der Mensch Trieb ist, hat er seine anfällige Stelle für das Dämonische. Man spricht deshalb auch von der »Triebdämonie«.

Auch der Leib hat seine Seele. Und hier in der Leib-Seele webt der Trieb. Ich habe für ihn den Namen vom »unterirdischen Mann« gefunden.

Der unterirdische Mann hebt das Haupt nur unter dem äußersten Druck aus seinem Untergrund herauf. Es sind dies die Augenblicke der Bedrohung des Lebens. Die Generation der Kriege und Revolutionen, die wir ja nun sind, weiß einiges mehr davon als die Geschlechter der friedlichen Zeiten.

Wenn sich der »unterirdische Mann« emporreckt und über einen wirft, dann breitet sich Lähmung über den ganzen Leib.

Ein Luftangriff ist auf dem Höhepunkt. Minutenlang stemmen Sie sich gegen die Wand, um nicht umgeworfen zu werden. Prasselnd rutscht eine Hauswand zusammen. Dann noch eine. Stille. Draußen ertönen jetzt Schreie. Menschen rufen um Hilfe. Vielleicht brennen sie. Alles um Sie her ist wie gelähmt. Sie selbst sind, obwohl gesündesten Leibes, außerstande, ein Glied zu rühren. Außerstande? Man rührt einfach keins. Der »unterirdische Mann« ist einem »in die Glieder gefahren«.

Können Sie sich etwas Schwierigeres vorstellen als die Bändigung des unterirdischen Mannes? Schwerlich, wenn Sie einige Erfahrung darin haben.

Todesangst nennen wir diesen Zustand.

Es gibt aber noch einen anderen, in den er uns zu versetzen vermag; und der ist noch weit schwerer zu überwinden. Es ist die Leidensscheu.

Auf den Hintergrund dieser Erscheinungen weist nichts eindrucksvoller hin als die Methode, Menschen nicht durch einfache Tötung, sondern durch – oft jahrelang andauernde – Arbeit hinzurichten. »Terror« strahlt davon aus. Der Mißbrauch des unterirdischen Mannes durch die finsteren Gewalten erzeugt ihn. Durch ihn kann sich in Millionen zur gleichen Zeit die Leidensscheu zum Starrbann erhärten; können ganze Völker bei hellem Wachsein, gleichsam mit weit aufgerissenen Augen, »es« sehend, nicht nur am Leibe, sondern bis in die Seele, bis in den Geist, mit einem Schock geschlagen werden, so daß sich nicht ein Gedanke mehr in dem jetzt vereisten Raum des Bewußtseins zu rühren vermag.

Wir wissen ein Lied zu singen von dieser Gewalt. Ein jeder für sich selber und von sich selber. Sie ist ja auch erst unserem Geschlecht voll zu Gesicht gekommen und hat uns Ahnungslose dann auch schmählich überrannt.

Ich weiß, was es damit auf sich hat. Erziehung hilft da nicht weit. Erst jenseits ihrer engen Grenzen beginnt der Gefahrenbereich.

In ihm sich zu halten, kenne ich nur zwei Weisen. Die eine ist der Rausch in allen Gestalten vom Wodka bis zum heroischen Nihilismus.

Die andere aber ist die langsame Wandlung unserer Natur durch das Charisma. Kaum merkbar wächst das charismatische Leben dem Menschen zu. Im ungewöhnlichen Falle aber ist sie die besondere Kraft des Aushaltens, die in der Stunde der höchsten Pein einzelnen Menschen geschenkt wird.

Das Charisma ist Licht. Es tötet nicht. Es verklart die Leib-Seele. Erlauben Sie mir, daß ich sage: es »verklart« sie. Es macht sie klar in der Steigerung, die in unserer Sprache die Vorsilbe »ver« meint.

Wir brauchen es heute mehr denn je zu einer Zeit. Denn darüber waren wir beide uns ja von Anfang an klar: noch niemals war das Menschenbild in solcher Gefahr. Im Raum der Masse vermag in diesem Zeitalter die Triebdämonie Formen anzunehmen, fähig, die Landschaft des Menschlichen in »verbrannte Erde« zu verwandeln.   [1946]

9.

Mangelkrankheiten der Seele

28. Brief (1946)

Lieber Freund, Sie können diese Dinge gar nicht realistisch genug nehmen!

Es gibt Erkrankungen der Seele beim modernen Menschen, die aus dem Mangel an charismatischem Leben herrühren.

An diesen Mangelkrankheiten leidet heute die Christenheit selbst. Sie strahlt dieses Leben nicht mehr hinaus in die Gottesleere des modernen Daseins, wo ein Hunger ohnegleichen die Seelen zu Legionen den Dämonen in die Arme treibt.

Es steht außer Frage, daß die Schwermut heute eine dieser Massenerkrankungen ist.

Die Schwermut quillt in einer Blutung, die unstillbar ist, aus jeder mit sich selbst und mit der Welt uneinen Seele.

Äußere Anlässe findet der Arzt in Fülle. Enttäuschung im Beruf, in der Liebe, an anderen, an sich selbst. Enttäuschung am Leben, Enttäuschung an Gott. Enttäuschung als Hoffnungslosigkeit des Unheilbaren, sei es am Leibe, sei es am Geist.

Aber die Krankheit hat tiefere Gründe.

Ich lese eben zwei Briefe[1], die der Münchener

---

[1] »In seelischer Not«, Nr. 26 der »Christlichen Besinnung«, Werkbundverlag, Würzburg 1940.

Psychiater Freiherr von Gebsattel einem jungen
Mann, der an Schwermut litt, schrieb. Gebsattel bezeichnet die Schwermut als eine Form der Neurose.
Er sagt, daß zwischen dem Rückgang des Christentums und der Zunahme der Neurosen ein einwand-
freier Zusammenhang bestehe. Gerade die edelsten
und reichsten Herzen seien die empfindlichsten gegen die Trostlosigkeit des Exils, in das die Menschheit geriet, als sie sich von Gott abwandte. Die übliche Heilmethode ziele darauf, dem Kranken die
Sehnsucht nach seiner wahren Heimat zu ersetzen
durch »bürgerliche Gesundheit und viel Nützlich-
keit«. Gebsattel legt dem Patienten, der wie er ein
Christ ist, nahe, sich »für seine Schwermut zu entscheiden«. Sie sei das edle »Leiden am Dasein«, das
nur Gott stillen kann. Damit ist der Patient aus dem
ärztlichen Bereich entlassen. Denn die Hilfe, um die
es jetzt geht, steht auch der größten Menschenkunst
nicht mehr zu Gebote.

Lieber Freund, hier hilft nur die Rückkehr zu dem
Realismus des Evangeliums, wie er in der Geschichte
von der »blutflüssigen Frau« lebt. Das gilt um so
mehr, als das Leiden der Schwermut schwerer zu hei-
len und in seinen Auswirkungen gefährlicher ist als
ein dreißigjähriger Blutfluß! Ist doch diese Pest bereits auf die Christenheit übergesprungen und bis in
die Theologie hinein spürbar geworden.

Gebsattel rät seinem Patienten, den »Sprung in
den Abgrund« im Vertrauen auf Gott zu wagen. Die
Leere werde ihm zum Weg werden. Und aus der
Trostlosigkeit werden, so sagt er, »besondere Tröstungen« hervorbrechen.

Das ist es, worauf es hier ankommt. Nicht nur
eine »neue Einstellung« oder eine »neue Erkenntnis«

bekommen wir. Das auch und zuvor. Verwandlung geschieht an uns. Metanoia nennt die Bibel dieses Geschehen. Das ist eine Veränderung in jenem Nervenknoten unseres Wesens, in dem der Geist mit Seele und Leib zusammengewachsen ist. Wir haben für diese Mitte der Person in unserer Sprache kein zureichendes Wort. Das Geist-Leibliche dieser Mitte kommt vielleicht am besten in dem doppeldeutigen »Sinn« zum Ausdruck: Metanoia-Verwandlung des »*Sinnes*« des Menschen.

Dem Menschen, der jenen Sprung wagt, dem greift Gott unter die Arme mit dem Charisma. Die »besonderen Tröstungen« gibt es. Sie sind die charismatischen Hilfen, die der Tröster Geist dem zuwendet, der sein Leid trägt.

Ich muß Ihnen noch eine kleine Geschichte erzählen, die hierher gehört.

Auf meinen Kreuz- und Querfahrten durch Deutschland am Schluß des Krieges wurde ich in ein einsames Walddorf verschlagen. Wir waren mit unserem Wagen in einen Tieffliegerangriff geraten und lagen hier ziemlich ramponiert für einige Tage fest. Ich kam ins Pfarrhaus in Quartier. Der Curatus, ein noch jüngerer katholischer Geistlicher, umgab in diesen Tagen den umgetriebenen Soldaten mit einer gütigen Gastlichkeit, die ich ihm nicht so leicht vergessen werde. Ich spürte den Frieden sogleich, der in dem Hause waltete und die stille Sicherheit, mit der all die geringen Dinge der täglichen Amtswaltung getan wurden.

Es war an einem der letzten Abende. Das Abrükken war schon in Sicht. Eine Flasche Wein war aus dem Keller heraufgekommen. Die Stunde und der

Ort waren von Gefahr überschattet, und unter der Vorahnung schweren Geschehens öffneten sich auch die Herzen williger.

An diesem Abend erzählte er mir seine Lebensgeschichte, die Geschichte einer Konversion. Er war Künstler gewesen, Geiger in einem großen Orchester. Da erkrankte er – ja, an jenem Leiden, das man Neurose nennt. Und zwar in so schwerer Form, daß er, völlig zerrüttet, seinen Beruf nicht mehr ausüben konnte und bald als hoffnungsloser Fall von einem Sanatorium ins andere geriet. Die Rettung brachte der Entschluß zu jenem »Sprung in den Abgrund«, zu dem ihm ein Arzt, der Christ war, die Hilfe gab.

Die Entscheidung war so radikal, wie die Krankheit schwer war. Er entsagte seinem Beruf, setzte sich – wohl schon um die Dreißig – noch einmal auf die Schulbank und wurde Priester. Er sagte mir am Schluß: »Schon sieben Jahre lang habe ich meine Geige nicht angerührt.« Ein stilles, ein franziskanisches Lächeln glitt bei diesen Worten über sein schmales Gesicht. »Wenn ich wollte, ich könnte es wohl.«

Sie sehen, auch hier ist das Wagnis das Geheimnis des Anfangs. Ich glaube, daß es das erste Anzeichen des neuen Lebens ist. Und dann geht es weiter. Nicht, daß die Schwermut schwindet. Sie wandelt sich und bleibt. Sie wandelt sich unter der Einstrahlung des Charismas zur »göttlichen Traurigkeit«. Das ist ihre ›Ver-Klarung‹.

Die Verklarung der Schwermut heißt Friede. Der Friede heilt die Schwermut als Hoffnungslosigkeit und bewahrt sie als göttliche Traurigkeit. Eine Traurigkeit, die Hoffnung hat.

Die Hoffnung ist eine der drei großen geistlichen Gaben. Die Hoffnung, die hofft *in die Ewigkeit:* für uns selbst, für die Menschenwelt, für die ganze Schöpfung.

Die Christenheit strahlt dieses »Hoffen in die Ewigkeit« nicht mehr aus in die vergehende Zeit. Darum die Schwermut der Kreatur. Heimlich im Untergrund. Sie kann ja nur noch ihr Hoffen vergeuden in das Vergängliche hinaus. Oben organisiert eine technische Weltzivilisation das neue Zeitalter dynamischen Stoffes. Optimismus, höchster Lebensstandard, Weizenparadiese, Riesenkraftwerke, Kühlschränke und Weltwohlfahrt für jedermann. Unten aber: Unterhöhlung riesengroß – der Nihilismus.

Die Menschheit hat den Kosmos gewonnen, aber Schaden genommen an ihrer Seele. Sie hat ihren Ort im Universum verloren. Nun ist sie ohne Halt.

Schwermut ist Trieb, der Geist geworden ist. Sie ist ein süchtiger Geist, ist sein aufrührerischer Lebenstrieb, süchtig nach Ewigkeit, süchtig nach Gott, doch ohne ein Hoffender zu sein. Schwermut ist Hoffnungslosigkeit, die Angst hat, sich selbst zu erkennen; und sich zu sich selber zu bekennen.

Dante wußte um diesen Abgrund des kreatürlichen Geistes. Darum setzte er über den Eingang zur Hölle die Mahnung, es möge der Eintretende hier »alle Hoffnung fahren lassen«. [1946]

10.

Sich anfangen lassen

29. Brief (1946)

Es war zu nett, daß Sie uns gestern auf der Fahrt nach F. mit Ihrer Verlobten überraschten!

Ja, den »Brautschampus« habe ich eigens für diese Fälle bereit. Und er wird immer in der Buchenlaube eingeschenkt, erlaubt es der sommerliche Abend, wie es bei Ihnen war. Ist es nicht so, man sitzt in ihrem laubichten Rondell so abgeschieden von der Welt wie in einem Brunnentrog, nur oben schauen des Abends die Sterne herein. Versteht sich, daß wir sie lieben. Und wie gut sich's darin plaudert, erfuhren Sie selbst.

Etwas, so scheint mir hinterher, hat da noch gefehlt an unserem Gespräch. Es ging ja über die »großen Liebenden« in der Welt. Ich meine, es gibt da eine Beziehung zwischen dem Eros und dem Charisma. Beobachtungen, die ich unter Menschen machte, bringen mich auf diesen Gedanken.

Das Charisma liebt den Eros. Es gibt eine charismatische ›Verklarung‹ des Eros.

Ich erinnere mich z. B. an zwei Gespräche, die ich mit zwei Männern hatte. Beide unabhängig voneinander, denn sie kannten einander nicht. Aber beide hatten genau die gleiche Erfahrung gemacht. Der eine ist ein Rechtsanwalt, der andere ein Großkaufmann. Beides Persönlichkeiten, beide in einem reichen Berufsleben stehend. Und beide von ausgesprochenem Glück bei Frauen.

Sie waren schon um die Fünfzig, als sie mit mir in einer vertrauten Stunde über ihre Ehen sprachen. Und beide sagten das gleiche. Der Kampf um die Treue gehöre zu dem schwersten, was ein Mann zu bestehen habe, besonders, wenn ihn der Beruf viel von zu Hause fort führe. Blickten sie heute zurück, so sei es kaum begreiflich, wie die Fahrt an so mancher Klippe vorübergeführt habe. Beide waren voll Dankbarkeit, jetzt nach Jahrzehnten, für die Bewahrung ihrer Ehen. Nun, schon im Ergrauen, erkannten sie erst die Größe des Geschenkes mit seinem Segen für Kinder und Umwelt. Und beide bekannten, wie von selbst, in ihrem Christsein das Geheimnis solcher Führung.

Das Charisma der Schutzengel des Eros!

Haben Sie schon einmal bedacht, was es heißt »Segen der Eltern«? Segen ist fortwirkendes Charisma. Unterirdisch, ohne Verdienst der Gesegneten. Es bleibt etwas davon im Erbstrom. Und wird eine begrenzte Weile lang von Kind zu Kindeskind weitergegeben. Schon lange wissen die Enkel nichts mehr vom charismatischen Ursprung der »guten Erbmasse« ihrer Familien in den gläubigen Ahnen. Bis auf die Nichtmehr-Wissenden hin hat der Lichtstrahl die Kraft fortgepflanzt, lieben zu können und die Freude am Treusein. Das ist der Segen der Väter; die in den Erbstrom übergegangene Läuterungskraft des Charismas.

Das Charisma als Schutzengel der Liebe bis »ins dritte und vierte Glied«!

Wie verborgen auch immer diese Dinge unter der Oberfläche des Daseins geschützt liegen, sie sind da. Die größten Kostbarkeiten unseres Lebens, meine

Freunde! Ihrer beider gemeinsamen Lebens! Bleiben
Sie da nur unverdrossen auf der Fährte! Das Einhorn
und den weißen Hirsch gibt es in der Welt. Lassen Sie
sich da nicht dumm machen von dem Meister KIügel,
der heute so arrogant ist wie je – und auch so blind.

Ich sagte vorhin: das Charisma liebe den Eros.
Könnten Sie sich nicht denken, daß in seinem Klima
die »große Liebe« ganz besonders glücklich gedeiht?
Langsam wandelt die himmlische Liebe die irdische
in sich hinein. Ohne sie aufzuheben! Das gerade ist
es. Denn es sind ja nicht zwei entgegengesetzte Kräfte, in Spannung gegeneinander geschaffen. Charisma
meint eine völlig andere Gattung, eine – sagen wir
noch einmal: schutzengelhafte Macht. Es bewahrt
die Liebe gerade dort, wo ihr Gefahren drohen. In der
Zermürbung des Alltags, im Trott der Gewöhnung.
Es ist Wahres darin, daß die Ehe der Tod der Liebe
sei. Denn dem Eros fehlt die Kraft, zwischen diesen
beiden Mahlsteinen seine Härte zu bewahren. Aber
unaufhörlich verklart durch das Charisma gewinnt er
ebenso unaufhörlich an Härte: die »große Liebe« –
der Diamant, mit dem die Geschöpflichkeit Mann
und Weib zusammen zu krönen vermag.

Es gibt kein Verhältnis auf Erden, das zwei Menschen so ausfluchtlos nah aneinanderrückt, so erbar-
mungslos voreinander entblößt, so bedingungslos einen zu des anderen Last und Lastträger macht wie
die Ehe. Das alles hat man gemein: den Trost und die
schwache Stunde, ungutes Erbe von den Vätern, Un-
verstandensein und letzte Einsamkeit, Enttäuschung
an sich selbst und an dem anderen, Schweiß und Tränen, Blut und Schmutz, Krankheit und Armut.
Schließlich das Welken des zur Erde hinwesenden
Leibes.

Sehen Sie, diesen Weg der Wirrnisse meine ich, und auf ihm wird die »große Liebe«.

Von diesen Ehen, an denen das Charisma teilgenommen hat, von diesen allein gilt das Wort, daß sie »im Himmel geschlossen seien«.

Das gibt es. In der Nüchternheit des grauesten Erdentages. Auch dann, wenn Jugend und Schönheit verblassen und Alterung, Hinfall und Tod das irdische Ende ankünden. Dort müssen Sie suchen, dort auf dem Berge der Läuterungen, weil dort das Charisma dem Eros zu Hilfe eilt.

Vielleicht, liebe Freunde, klingt Ihnen dies Wort ein wenig sonderbar, zu ihnen beiden gesprochen, wie Sie da stehen im Glanz der ersten Liebe. Und besser, so fühle ich jetzt, geschrieben, als gestern in der Laube zu Ihnen gesagt. Sie werden dann schneller wieder ungesagt, die Worte, und sinken leichter zu den Wurzeln ab, wohin sie auch gehören.   [1946]

30. Brief (1946)

Glauben Sie nicht, lieber Freund, daß diese Dinge dem Menschen in den Schoß fallen.

Der Rechtsanwalt von den beiden war es, der mir sagte: »Ich weiß, wie gefährliche Leidenschaften in mir sind. Ich weiß, daß ich jeden Tag wieder neue Schuld auf mich lade. Aber ich arbeite an mir jede Stunde, Tag und Nacht. Nie darf das aufhören.«

Er war ehrgeizig, herrschsüchtig und wußte sich in jeder Situation zum Mittelpunkt zu machen. Wenn ein Christ ein »moralischer« Mensch ist, dann war er keiner. Er war nicht moralisch und dennoch war er eine christianische Existenz.

Das Eine allein machte ihn dazu, daß *es* in ihm arbeitete; daß *es* ihn nicht losließ; daß *es* ihn in die genau entgegengesetzte Richtung zu gehen von ganzer Seele willig machte, in die zu gehen ihn seine starke Natur trieb.

Dieses Es, das über uns hinweg mächtig wird, uns den Willen wandelt, uns erfüllt zu jeder Stunde mit dem »Arbeiten an uns selbst«; das uns keine Ruhe gönnt; das in den Kampf des Gewissens uns verstrickt bis in unsere Träume hinein; das unser ganzes Leben verwandelt in einen einzigen Wettkampf um den »Kranz«.

Daß das Urbild des Menschen wiederhergestellt werde! Daß wir die »zweite Kindheit« wieder empfangen! Und zwar nicht als Natürlichkeit, Vitalität oder Ungebrochenheit. Sondern als das wiederauferstehende Urbild, nach welchem Gott einen jeden von uns im reinen Anfang gedacht hat. Mein Urbild und Ihr Urbild, die verschieden sind und ein jedes für sich seinen besonderen Schöpfungsgedanken enthält; das in unserem Leben aus verschütteter Tiefe empordrängt zu seiner Darstellung. Auf daß in dieser Wiedererschaffung das zerrissene Wesen des gefallenen Menschen wieder zusammenheile. Auf daß hier der Riß zwischen Erkennen und Leben, zwischen Wille und Tun allmählich wieder verheile: Verstehen Sie – »die Möglichkeit des seienden Menschen im Gegensatz zum wollenden und sollenden, des letztlich unerlösten«. Dies alles aber nur deshalb, weil Christus auf unserem dunklen Fleische aufglänzt und mein kleines Urbild zu seiner Bestimmung ruft: zum Ebenbilde Gottes.

Dieses Urbild ist meine »Génië«.

Als Hölderlin aus Bordeaux durch Frankreich

nach Deutschland floh, war er auf einem Schloß in der Nähe von Paris einige Tage zu Gast. Wir haben über diese Begegnung einen Bericht der Madame de S...y, der Tochter des Besitzers jenes Schlosses. Hier finden sich folgende Worte Hölderlins: »Dies ist die Unsterblichkeit. Alles Gute, was wir schön denken, wird zu einem Genius, der uns nicht mehr verläßt und uns unsichtbar, aber in schönster Gestalt durchs Leben begleitet bis ans Grab. Von unserem Grabhügel aus nimmt er seinen Flug und gesellt sich zu den Heeren der Géniën, die schon die Welt erfüllen und an ihrer Vollendung und Verklärung weiterbauen. Diese Géniën sind Geburten, oder, wenn Sie wollen, Teile unserer Seele, und in diesen Teilen ist sie allein unsterblich.«

Jeder christianische Mensch hat eine Génië; ich könnte auch sagen, *ist* eine Génië, in der das Ebenbild Gottes auf ihn hin ausgeformt wird, die *Seine* Génië ist.

Meine Génië ist mein Anteil am Ebenbilde Gottes. Sie ist das Ebenbild Gottes »für mich«. Es wächst da in mir eine Liebe zu dieser Génië; eine glühende, kühlende Leidenschaft; eine befriedende Leidenschaft, eine Leidenschaft seltsamer Art, mit der das Ebenbild Gottes in meiner Génië geformt wird, so still wie die Frucht in einem Leibe, der empfangen hat.

Ich glaube, daß die früheren Zeiten von diesen Kräften gewußt haben. Es gibt bei Thomas von Aquin eine Stelle, die ich Ihnen in diesem Zusammenhang anführen muß.

»Die Engel können der Phantasie des Menschen ein Bild einprägen, in dem sie dieselbe bewegen und bewirken, daß die Bilder auf die Sinnesorgane rückwärts überfließen.« Ich deute es als das Bild unserer Génië, das wir vergessen haben, und das die Künstler-Engel in uns gestalten. Es geht dabei den Weg rückwärts; nicht von der Stoffeswelt über die Sinne in den Geist, sondern von der angelischen Welt in den Geist und durch ihn – gleichsam »von hinten her« – an die Sinne, von denen sich das Bild unserer Génië zur leiblichen Gestalt verdichtet. Der mittelalterliche Mensch war noch in der Lage, seine Génië abzubilden. So genau sah er sie. Es ist dies in den sogenannten Stifterbildern geschehen. Man sieht auf ihnen den Stifter unten im Bilde, klein, in der Knechtsgestalt der vergänglichen Erscheinung und über ihm die Gestalt *seines* Heiligen. In ihr erkennt er seine Génië; das soll er werden. Sein »inneres Modell«, wie man es genannt hat, nach dem »es« an ihm arbeitet; das er sein wird in seiner Auferstehung, in der Auferstehung *seines* Fleisches.

Es ist das christianische Menschenbild, in dem der Schöpfer uns gedacht hat, Sie und mich, einen jeden in seiner Individualität; und dieses Menschenbild zu werden, nämlich zu verleiben als einen Gedanken der ewigen Liebe, ist unsere persönliche Bestimmung; welche Bestimmung zu verfehlen, den Gewinn der ganzen Welt nach dem Evangelium nicht aufwiegen könnte. Denn in solchem Verfehlen wäre der Einklang mit der Gottheit, wäre die Ordnung des Universums in ihrer künftigen Vollendung gestört, in der wir unseren »Ort« zubefohlen bekommen haben.

Sehen Sie, lieber Freund, diese Génië zu werden, ist unser Lebenssinn. Da heißt es »an sich arbeiten«: an ihr arbeiten. Den Barren Goldes, den unser Leben darstellt, in das Feuer legen und den Hammer darauf niederfahren lassen Tag und Nacht, damit das Bild der Génië daraus erstehe.

Ich glaube, daß im Menschen zum großen Wurf in der Schöpfung angesetzt wird. Sein Geheimnis zu erkennen – obwohl wir selbst es sind – vermögen wir nicht. Wir kreisen in den Nebeln einer rings um uns her erst werdenden Schöpfung. Wie durch Schleier hindurch zeigt uns die Offenbarung das Ebenbild. Und im Ebenbild ruft sie unsere Génië an.   [1946]

31. Brief (1937)

Es ist heute nicht mehr möglich, den Weg, den wir suchen, in Beschaulichkeit auszumessen, ihn nach allen Seiten hin kritisch abzustecken mit Vorkehrungen aller Art, um einen Fehltritt zu vermeiden. Diese Art kritischer Philosophie oder Theologie gehört der bürgerlichen Sicherheit an, die vergangen ist. Wir sind gezwungen, auch den Irrweg wieder zu wagen, der uns das Leben kosten kann. Wer heute anfangen will, sich erst nach allen Seiten hin zu sichern, der wird überhaupt nicht vom Fleck kommen. Er wird zum Beispiel entdecken, daß bereits die Worte derartig abgegriffen, vieldeutig und mißverständlich sind, daß eine Verständigung unter den Streitenden überhaupt nicht mehr möglich ist und daß schon in unseren Worten nach jeder Seite hin die Kobolde und Irrgeister stecken, die uns auch nur einen einzigen Schritt zu tun hindern, wenn wir uns mit ihnen einlassen.

Ich erinnere mich an einen Vorfall aus dem Anfang des Krieges. Wir waren in der Nacht mit der Division in ein Dorf vorgedrungen, dessen andere

Hälfte noch im Besitz des Feindes war. Da alle Stra-
ßen durch Truppengattungen jeder Art verstopft waren, blieb uns nichts anderes übrig, als mit unserer
Batterie quer durch das nächste Gehöft, durch Gär-
ten, Zäune und über Acker und Gräben ins Freie
durchzustoßen auf die Gefahr hin, uns in der Nacht
zu verirren oder dem Feind in die Hände zu fallen.
Sehen Sie, in dieser Lage befinde ich mich, wo Sie
mich nun fragen, was tun? Was tun, um ein Christ zu
werden? Genau wie wir damals muß man bereit sein
zum Wagnis ins Leere hinaus. Allerdings, lieber
Freund, können wir etwas tun!

Liegt eben nicht darin das Geheimnis des Menschen, daß wir frei sind, uns vor Gott zu verschließen? Und frei sind, uns ihm zu öffnen? Ist es nicht
die Geschichte dieser seiner freien Kreatur, die uns
auf den ersten Blättern der Bibel erzählt wird? In ihrer Freiheit trug sie den Adel des Ebenbildes auf ihrem Antlitz. Aus dieser ihrer Freiheit entschied sie
sich wider Gott. Die Freiheit, sich für Gott zu entscheiden, ist ihr nicht verlorengegangen. Ja, wir können uns für Gott entscheiden. Das ist der letzte Rest
der uns verbliebenen Freiheit, die ja einst im Paradies
der Adel des »Herrn der Erde« war. Wir können uns
für ihn entscheiden. *Zu uns kommen muß er selbst.* Diesem Kommenden gegenüber heißt es heute, im Tor
die Wache zu beziehen.

Das also ist es, was wir tun können: uns bereit halten. Und zwar mit unserem ganzen Wesen.   [1937]

[1968]   »Mit unserem ganzen Wesen«, schrieb ich damals.
Dies ist Glaube, dieses Wagnis in einer nach allen Seiten
hin offenen, von allen Seiten her gefährdeten Wirklichkeit.

Dieses »ganz« meint aber auch mit dem Gedanken. Einsatz des Denkens, nicht Verzicht! Erst wo der Glaube dieses Wagnis ist, gerät auch das Denken in eine Bewegung, an deren Stärke gemessen reine Rationalität sich als die Vereinfachung auf ein Sicherheitsidyll erweist. In der Gefährlichkeit, die in der unauflösbaren Verwicklung der Dinge uns auf den Leib rückt, ist immer auch etwas vom Ganzen der Dinge gegenwärtig. Dieses Ganze ist Geheimnis, bleibt unserem Erkennen entzogen, läßt sich immer nur blind berühren in jenem Existenzakt, in dem ich mich wage und der Glaube heißt.

Die vielberufene Spaltung von »Wissen und Glauben« existiert nur im Bewußtsein, wo der Glaube über sich selbst und das Wissen über sich selbst *reflektieren*. So *lebt* man nicht. Gelebt sind beide, Glaube und Wissen, ein untrennbares Geschehen, das uns vorgegeben ist. Nur dort, wo dieses Vorgegebene in den Sog jener Sucht gerät, uns wissend oder glaubend in den Besitz Gottes zu setzen, trennt sich das Untrennbare, zehrt der Glaubende das Wissen in sich auf und der Wissende den Glauben. Wo ich Endgültigkeit suche, sei es glaubend, sei es wissend, gerate ich in die Glaubens-Sackgasse oder die Wissens-Sackgasse. Wir sind aber unwiderruflich im Offenen, und da gibt es Existenz nur im Doppelakt des Wissens, dem, wie auch immer verdeckt, ein Geglaubtes vorausgegeben, und des Glaubens, dem eine Wissenswelt nachgegeben ist. Beides aber immer im Offenen, immer in einer Dynamik, der das Ziel, der Sinn, das Ganze, die Vollendung versagt ist; in einer Dynamik des Vorläufigen, die beide, Wissen und Glauben, aneinander exerzieren, sich gegenseitig aus dem Sattel heben lassen in jenem rettenden Akt, ohne den das Wagnis im Offenen der Freiheit für beide tödlich ausginge.

Entscheidung?! Ja, für die Fragwürdigkeit, für die Vorläufigkeit meiner Existenz im Offenen, in der jeder Akt des Wissens wie durch Gravitation gehalten ist von einem Akt des Glaubens. Kein Existieren ohne diese Spannung. Sie macht unser Leben aus in der Zeitlichkeit. Glauben ist die

Möglichkeit zu bestehen, ohne zu verstehen, zu handeln, wie auch immer in Schuld, unbekümmert sich zu wagen, auch auf die Gefahr hin, zu scheitern.

32. Brief (1937)

Sie kennen meine Liebe zur morgenländischen Kirche. Sie wissen, was ich ihr zu verdanken habe. In ihr wird wirklich noch an den »Heiligen Geist« geglaubt, nämlich daran, daß die Erde, das Fleisch, die Welt, die Geschichte sein Feld sei. Er ist es, durch den die ganze Geschichte eine Geschichte des Heils ist. Das ist in den abendländischen Kirchen wie vergessen. Es »webt« dieses »Gottesgewebe« in den Menschen, die ihn empfangen, durch die Geschichte hindurch.

Dieses Wissen hat die griechische Kirche bewahrt im liturgischen Gebrauch der Seligpreisungen. Sie sind nichts anderes als Preisungen des charismatischen Menschen. Wie in den calvinischen Kirchen des Westens die zehn Gebote, so gehören in den griechischen Kirchen des Ostens die Sieben Seligpreisungen zum Grundbestand des Gottesdienstes. Hier erschließt sich wieder der ursprüngliche Sinn der Bergpredigt. Sie ist nicht eine neue Übermoral, die den Menschen in unauflösbare Konflikte hineinstürzt. Sie ist die Beschreibung des charismatischen Lebens des Christen. Denken Sie daran, wie sie beginnt: mit der Preisung des Bettlers, der um den Heiligen Geist bittet!

Und nun begreifen Sie, daß unsere Kirchensprache in einer ganz ähnlichen Weise eine ganz ähnliche Vereisung darstellt wie der Ritus der griechischen Kirche. Wie der Geist dort im Ritus erstarrte, so bei

uns im Buchstaben. Unser protestantisches Schrift-
prinzip hat sich zu einem regelrechten Ritualismus
entwickelt. Er ist es, den wir als eine unerträgliche
Abgedroschenheit in der »Kirchensprache« unserer
Predigt empfinden. Wie zu Pfingsten das Zungenwunder geschah, so bedürfen auch wir der schöpferischen Verwandlung der Sprache.

Unser Wort ist bis zur Unkenntlichkeit verschlis-
sen. Es ist in keiner Hinsicht mehr fassungsmächtig.
Es fehlt ihm das Leitvermögen für die realen Energien, die im Innenraum der biblischen Welt gespeichert liegen. Unsere Sprache nimmt keinen Strom
mehr ab. Sie leuchtet nur noch wie ein Notlicht an
einer Schwachstromleitung.

Bettler sind wir, selig gepriesene. Bettler um den
»Geist«. So ganz nur Bittende, Suchende, Bereite sollen wir sein, wie es der Bettler ist, wie seine leere, so
dahingestreckte Hand es bedeutet.

Selig die Träger des Leids! Unscheinbare, schlich-
te Wanderer, bestaubte und benarbte Soldaten. Unter
ihrem grauen Kittel in Tränen, Schweiß und Seufzern
unerweichte Herzen. Von niemandem erkannt, von
keinem gelobt.

Selig, die die Herrschaft über die Erde wieder in
Besitz nehmen, ohne Schwertstreich, kraft des charismatischen Wortes mit dem auf Erden unbekannten Mut, der mit den Worten des Evangeliums
»sanft« heißt. Weil er nicht nimmt, sondern gibt. Weil
er unterwirft, indem er aufrichtet. Weil er herrscht,
indem er liebt.

Und nun nehmen Sie dazu jenes »Sorget nicht!«,
dann haben Sie den Menschen, der die Freiheit des
Ebenbildes wieder zurückempfängt. Er ist jetzt frei.
Denn wer von der Sorge frei ist, der ist ganz frei.

Sehen Sie, das ist der Strom, der unter der Lavakruste all der Worte dahinfließt, all der Worte, die uns so klein, so gemein, so verbraucht im Ohr klingen. *Es ist der Strom des charismatischen Lebens, der mit Christus in die Welt gekommen ist.* »Nehmt ihn hin, ihr Bettler um Geist!«

Und nun – »Friede sei mit euch!« Friede, ihr Söhne Gottes! Friede allen Geschöpfen durch Euch, ihr Friedestifter! Friede den Pflanzen! Selbst die giftigen werden in eurem Becher in Balsam verwandelt! Der Stachel des Skorpions soll nicht mehr nach euch zucken müssen, wenn ihr über ihn schreitet. Friede auf Erden den Menschen, die das göttliche Wohlgefallen bestimmt. [1937]

[1968] Ich lese eben bei Gottfried Benn (IV, 83. »Doppelleben«) diese Sätze: »Jede Ordnung ist Gewalt. Also das Nicht-Sanfte und Nicht-Kontemplative ist vorhanden und geht seinen Weg … Wenn die Religion der Demut und des Hinhaltens der linken Wange, nachdem die rechte genügend geschlagen ist, wenn das Christentum unbezweifelbar mit seinen Religionskämpfen, Kaiser- und Papstkriegen, Edikten, Hussiten, Calvin weit mehr Menschen als Opfer forderte als die beiden letzten Weltkriege zusammen – was dann? – Es ist unlösbar. Man kommt den Dingen mit Gedanken nicht mehr nahe.« Das muß man zusammen sehen. So über jede Formel, über jedes Bild hinaus verwickelt sind Mensch und Welt. Das Aufsichnehmen dieser Verwicklung, das Anhalten darin, nicht das Hadern, Weltverbessern, Kritisieren preist das Evangelium. Nicht die Aktion und die Utopie wird gepriesen, sondern die Erprobung im Feuer. So tief hinab geht die Fleischwerdung, so dicht ist die Verflechtung mit der gefallenen Welt, bis zur vollkommenen Verbor genheit Gottes gerade kraft seiner Vermenschlichung. Die Weltlichkeit Gottes ist auch seine Heimlichkeit. Das entdecken wir nicht neu. Auch die Alten hatten das gesehen und sprachen vom deus inversus, der sich im Mysterium sub contrario verbergend – auf deutsch: die höchste Macht ist in der tiefsten Ohnmacht gegenwärtig – zugleich offenbare.

Dieses Doppelgesicht: die durch das Grauen hindurchschauende ewige Liebe spiegelt die Bibel wider. Hinter dem Sinaigott hervor, durch ihn hindurch schaut der Golgatha-Gott. Dies ist die Grunderfahrung, die sich heute stärker denn je unseres Bewußtseins bemächtigt und eine Situation des Zweifels, des angefochtenen Glaubens, der Ausflüchte in probate Rationalismen, in ideologische Rauschgifte aller Art erzeugt, als seien die Tage der »großen Trübsal« (Mt 24,21) gekommen. Dennoch bleiben die Seligpreisungen, müssen sie immer wieder ausgerufen werden, ausgestreut in die Zeit wie Saatkorn ins Feuer. Was in ihnen zittert, ist die ganze Härte dieses Kampfes, der kosmische Ausmaße hat und andere Kräfte in die irdische Geschichte hinein entfesselt, als sie in ihr selbst vorhanden sind. Die »Welt« *ist* nicht das Universum. Es ist uns entnommen. Universum *geschieht,* und dies Geschehen nennen wir Geschichte. Das läßt sich in den historischen Sprachen nur als Paradox aussprechen, dieser Einbruch der *anderen* Dimension: daß die Niederlage der Sieg ist. Nicht Ethik ist in ihnen, sondern Prophetie. Darum nicht das »Du sollst« des Gebotes. Das ist das Alte. Sondern die Preisung der Überwinder. Das ist das Neue.

Die Seligpreisungen sind Weissagungen, Weissagungen im Stadium der Entstehung, nicht der Vollendung; Weissagungen im Aufleuchten am ungebärdigen Fleisch. Wir sind mitten im schöpferischen Prozeß mit allen Rückschlägen, Wechselfällen, Abstürzen, denen die Ewigkeit in der Zeitlichkeit ausgesetzt ist. Die Spaltung zwischen dem »Noch-nicht« und dem »Schon-jetzt« zwischen Diesseits und Jenseits ist falsches Bewußtsein. Der Prozeß ist dynamisch, er ist kraft des pneuma in allen Phasen, den positiven und negativen, im Gange.

In dieser Dimension des pneuma, die dynamisch zu verstehen ist, will die Bibel gelesen werden. Wir müssen loskommen vom naturalistischen Verständnis der Bibel. Auf Naturalismus läuft folgerichtig unser Historismus, von dem der Fundamentalismus eine Variante und der Psychologismus eine Folge ist, hinaus. Diese Loslösung ist überfällig.

Die Bibel ist ein einziger Impuls, liebend in tausend Versuche aufgesplittert, den Menschen in irgendeiner der von ihm zu durchlebenden Lagen anzutreffen und ihn über alle Fakten, Dokumentationen, Psychologismen hinweg in die gleiche Zeit und an den gleichen Ort mit dem Christusereignis zu versetzen. Diese Identifikation mit meinem Jetzt und Hier ins Werk zu setzen, ist das Angebot ihrer »Leisen Stimme«, durch mein sprödes, fleischliches Ohr hindurch mich tief drinnen in meinem Zentrum um und um zu kehren. Diese Vergegenwärtigung – das ist Glaube.

Man muß sich bis zum Exzeß herumgeschlagen haben mit den anmaßenden Tief- und Flachsinnigkeiten, die der menschliche Geist, nicht mehr auf dem »Jahrmarkt der Eitelkeiten« wie einst in harmlosen Zeiten, sondern auf den Vexierböden unseres anarchischen Jahrhunderts mit seiner Kunst der »intellektuellen Lüge« unaufhörlich in den Kampf wirft, um wieder ganz neu auf den Geschmack der Bibel zu kommen. Ganz neu, sage ich. Das meint: in der Dimension des pneuma.

Die Bibel! Sie ist die fragwürdigste Instanz, die es für den Menschen dieses Jahrhunderts gibt. Alle wissen das, und jeder waltet – folgerichtig – nach Gutdünken mit ihr. Die Bibel ist in die Zeit ihrer großen Passion eingetreten. Es gibt Entscheidungen, auf die hin muß man es einfach wagen, und die Entscheidung für die Bibel ist eine solche heute.

Gerade das Unvollkommene, die Fülle ihrer Mängel, sind ihre Kostbarkeit. Die Menschlichkeit ihrer Sprache, die meine Sprache ist, die Geschichtlichkeit als die Grundform aller Aussagen mit allen ihren ungeschützten Flanken: Endlichkeit, Zeitlichkeit, Widerspruch und Ausweglosigkeit meiner Existenz – alles hebt ihre Sprache herauf in das Bewußtsein des Menschen. Eingegangen in die Sprache des Menschen, ist ihr »Logos« eingegangen nicht nur in sein Denken, sondern in sein Geschick. Die Bibel, ein Stück des erbarmungswürdigen Fleisches, in welches das »Wort« kam. Ja, Anthropomorphismus ohne Einschränkung! Und nur dadurch allein verstehe ich dieses Wort. Dieses »Wort« schmeckt nach Geschichte, nach Kreaturen, pulst in Fleisch und Blut. Kein Abstraktum, sondern Fels, den kein Intellekt kleinkriegen kann, in dem man einfach drin ist und existiert im Nonsens der Gnade.

Hier stehen Sachen, die ich mir selbst nicht gesagt habe. In der Bibel ist das bittere Aroma, das mir Wahrheit verrät. Es verrät sie nur, es ist nicht »die« Wahrheit. Wo ich das Bittere schmecke, muß ich aufmerken, bin ich auf ihr Besonderes gestoßen. Der Menschheit Wunschbilder sind hier durchschaut. Hier kommen plötzlich auch die großen Philosophien in den Verdacht des Flunkerns. »Teufel« heißt es hier, und vor dieser brüsken Qualifizierung, nicht etwa der Wirklichkeit schlechthin, sondern von etwas in ihr, fallen alle Verstehenskünste in sich zusammen. Das trifft ins Schwarze unserer Ausweglosigkeit. Keine Narkosen durch Ideologien, auch durch keine theologischen. Da lese ich bei Jeremias: »Beide, Propheten und Priester, gehen allesamt mit Lügen um und trösten mein Volk in seinem Unglück, es solle sein Unglück gering achten und sagen: Friede! Friede! Und ist doch kein Friede.« Schon damals war der pragmatische Idealismus beliebt in der Theologie, nicht erst heute. Man muß nur genau hinsehen, wie die Dinge in der Welt heut wirklich liegen. Weniger denn je ist Friede und darum der Schrei nach ihm lauter denn je. In der Bibel verborgen, da ist Wahrheit am Werk, die freimacht, zunächst einmal negativ, indem sie uns freimacht von Lügen, wie sehr wir auch immer zunächst durch sie im Leeren stehen.

Hier sind wir nahe am Besonderen der Bibel. Ich möchte es das *Kathartische* nennen. Das Wort kommt von dem griechischen katharsis, das jene »Reinigung« meint, die von der Tragödie ausgeht. Solche katharsis geschieht nur, wo ein Wort aus dem Abstand jener Unabhängigkeit ertönt, die Gericht abhält. In der Tragödie spricht dieses Wort der Gott und zwar so, daß es aus diesem Abstand mitten hinein in den »Fall« tritt, der das Spiel zur Tragödie macht. Die Bibel ist ein einziges solches Wort, das seine kathartische Wirkung aus dem Abstand hat. Ich kenne gar keinen anderen Weg, um zur Freiheit zu gelangen, als über diese Unabhängigkeit, die das Kathartische stiftet.

Die herbe Kraft, diesen Abstand zu wirken, hat das prophetische Wort. »Wort« ist hier ein operativer Eingriff, der uns lösen kann von allem, an das wir mit unserem Selbst verfallen können. Der Eingriff geschieht in der Ansage des Endes »dieser Welt«. Dieser Eingriff nabelt uns endgültig ab von unserer biologischen Existenz, die ewig leben will in ihrer verweslichen Physis. Dieses ist das Geheimnis der Prophetie, daß sie uns freimacht von der Tyrannei der scheinmündigen Welt. Freiheit in prophetischer Sicht, das ist: Der Weg der Geschichte muß offenbleiben für die Möglichkeit des Unmöglichen.

Es stößt uns vor den Kopf, dieses Wort mit der Radikalität seiner Wahrheit. Das bittere Aroma des Schmerzes bezeugt sie. Das Ärgernis ist ein unabdingbares Merkmal für sie. Diese gleichsam sanfte, aber unverrückbare Gegenwart des Ärgernisses sagt uns, daß es so mit der Welt nicht stimme, und daß es sich so – wissenschaftlich, politisch – mit der Welt nicht stimmig machen lasse. Zur Parusia, zur Anwesenheit des Wiederkommenden, gehört auch dies: das Gewürz des Gerichts in allen Dingen, das, was nach dem Gleichnis den Jüngern als »Salz« eignet und das immer auch etwas Zerlösendes, ja Zerstörendes an sich hat.

Ist das »Kathartische« noch mit einem Korn Salz bei uns wirksam?

Haben wir nicht mit dem Prophetischen jenes Kathartische hinauskritisiert? Nun sind wir Christen in der zweideutigen Lage, zugleich das Ärgernis der Zeit und Kollaborateure der Zeit zu sein. Ist das unsere – theologische – »Landschaft des Verrates«? Sollten wir heute dabei sein, Christus noch einmal zu kreuzigen? Wie damals, als Juden und Heiden vereint, nur darin anders, daß die »christlichen« Ideologien heute dabei die Führung übernommen haben? Graut es uns nicht endlich bei diesem ständigen Reden vom »toten Gott«? Haben wir ihn nicht ermordet, alle miteinander? Sollte etwa hinter diesem unserem besonderen Gottesmord in Wahrheit nicht Er Selbst, der Gekreuzigte, auf uns warten? Sollte es so sein, daß an diesem Punkt die Zeit stillsteht, daß sie über dieses Kreuz nicht hinauskommt, daß auch dieses Kreuz von vorn auf uns zukommt als unser eigenes Werk, immer von neuem aufgerichtet und immer gleich leidenschaftlich geleugnet als unser eigenes Werk?

33. Brief (1937)

Wie Ihnen, so kam auch mir nach dem letzten Brief sehr deutlich zu Bewußtsein, wie wenig von diesem Christ-Sein in der Welt zu sehen ist. Ich verüble Ihnen Ihren Ausdruck keineswegs: »so gut wie gar nichts«. Und doch ist die Hauptsache, daß die Saat ausgesät ist, daß der Acker bestellt ist. Und nichts anderes bezeugt das Evangelium als diesen *Anfang*. Wie wenig auch zu sehen ist – meine Bauern werden sich hüten, mit ihren Wagen über den Winteracker zu fahren, denn er ist bestellt. Die Erde hat empfangen, sowenig man auch sieht. Der Acker ist die Welt, sagt Christus. Es ist Winter, aber der Acker ist bestellt. Er selbst, sagt Christus, sei das Saatkorn, mit dem der Acker geschwängert sei. Lassen wir ruhig indes die Fröste krachen, die Sturzbäche über den Acker hinwegbrausen. Er ist bestellt. Es ist vollbracht, sagt das ersterbende Weizenkorn am Kreuze. Sehen Sie, das ist unser christlicher Glaube, daß der Anbruch da sei. Daß Gott leiblich, geschichtlich in dem Manne Jesus diese Erde berührt habe und daß es nun da kein Aufhalten mehr gebe, daß sie in die große Verwandlung hineingerissen sei. In diesem Geschehen stehen wir als die ihm nachgeborene Menschheit mitten darin.

Zu diesem geschichtlichen Ereignis »Christus«, das kann man sich nicht deutlich genug vor Augen halten, gibt es keinen Zugang aus der Theorie. Jede Wissenschaft ist Theorie »über« eine Sache. Auch die historische Wissenschaft ist nur eine Theorie über eine Sache: die Vergangenheit. Die historische Forschung ist deshalb nicht in der Lage, irgend etwas über das Ereignis Christus zu entscheiden. Ihr theoretischer Charakter drückt sich darin aus, daß in ihrem Denkraum beides möglich ist: der Beweis der Geschichtlichkeit wie der Beweis der Ungeschichtlichkeit des Christusereignisses. Die Auferstehung ist für dieses theoretische Verneinen oder Bejahen eingekapselt in der Sache selbst: in der Geschichte als dem Geschehen selbst. Zugang zu ihr hat nie und nimmer der *über* die Geschichte *Reflektierende,* sondern ganz und gar nur der in der Geschichte *Existierende.* Hat nur der, der in der Sache selber drinsteckt. Darin steckt wie der Gekreuzigte und Auferstandene selbst, getragen von ihm wie der Schwimmer vom Wasser. Man muß mit dem Ereignis Christus im selben Element stehen, nämlich in der dichtesten, von keiner Vernunft zu sezierenden Massivität geschehender Geschichte und gelebten Lebens. Muß mit ihm im selben Elemente stehen, in dem alles geschieht, in dem auch sein Ereignis geschah und seitdem unaufhörlich sich fortpflanzt wie der Ton einer Unterseeglocke sich im Wasser fortpflanzt, vernehmlich nur für das Ohr, das unter Wasser lauscht. So teilt sich Christus nur im gelebten Leben mit. Das Wort, das Fleisch geworden ist, bleibt unlöslich an das Fleisch gebunden. Dieser Christus ist in seinem Charisma nur gegenwärtig, nicht uns, als den darüber Reflektierenden, sondern praktisch-faktisch in der undurchdringlichen Dichtigkeit meines und Ihres gelebten Lebens, wie einst, auch heute, gehüllt in die Geschichtlichkeit eines lebendigen Heute und Hier. Denn das ist die Geschichte, die Totalität des gelebten Lebens des Menschen. Nicht die Historie ist Geschichte, nicht die Feststellung von Daten, nicht die Verkettung von Ursachen und Wirkungen, nicht ihre Deutung durch Ideen. Sondern das ist Geschichte, was wir selbst atmen, leben und sind, bis hinab in jene »unterseeische« Region des Herzens, das in all dem schlägt, fragt und lauscht quer durch die Jahrtausende hindurch. Es hat von jener Entdeckung des leeren Grabes jene Geschichtswendung eingesetzt, die man berücksichtigen muß, will man nicht sein Geschichtsverständnis zu einer abstrakten Erdichtung im leeren Raum, zu einer zufälligen Ausschnittphilosophie werden lassen. Dieses Faktum ausschließen, heißt sich überhaupt jeder Geschichtserkenntnis zu entledigen, die es mit der *wirklichen* und der *ganzen* Welt zu tun hat. Kämpft doch selbst der Antichrist seinen Kampf in der Verfallenheit an das Gesetz des Christus.

Um dieses Geschehen, Wirken, Sich-Ereignen dreht sich das Evangelium. Die Urchristen kennen noch keine »christliche Lehre«. Sie künden ausschließlich dieses Eine: die »großen Taten Gottes«. Diese »Taten« sind das Ende aller Lehren, Mythen und Kulte der jüdischen und heidnischen Zeit »ante Christum«.

Das ist der alleinige Gegenstand der ältesten Christusverkündung: dieser Mann, den eure Menschentat kraft der Logik ihrer Gerechtigkeit getötet hat, den hat Gott auferweckt. Auf diese Tatsache den Fuß aufsetzen, heißt von jener Verwandlung ergriffen sein. Sie wird über uns mächtig genau dort, wo sie aufbrach: in der Alltäglichkeit und in der Geschichtlichkeit des irdischen Menschendaseins.

Das ist der christliche Realismus.   [1937]

[1968] Mit der Verborgenheit des Christen in der Welt muß es etwas Besonderes auf sich haben. Es lohnt sich, darüber nachzudenken. Sie muß offenbar zur Grunderfahrung des Christen gehören. Paulus drückt das so aus: Christus, so sagt er, sei in Gott verborgen, und der Christ mit ihm verborgen im verborgenen Gott. Das will etwas heißen in einer Welt, in der Wissen das Höchste und Öffentlichkeit ein politisches Tabu ist.

Es scheint im Kern des Evangeliums ein Wagnis angelegt zu sein, das sich bis zu einer Tiefe aussetzt, in der es verloren zu sein scheint. Gott verbirgt sich in dem, was er gerade nicht ist. Der Gekreuzigte als äußerste Tiefe der Verborgenheit, die sich denken läßt.

Es ist da ein Unberührbares in dem, was der Christ glaubt. Ein durch sich selbst derart Unberührbares, daß es in genau dem Augenblick, wo es berührt wird, sich entzieht.

Die frühe Gemeinde muß um die Kostbarkeit dieses Unberührbaren gewußt haben. Sie schützte es in der Geheimhaltungspflicht einer »Arkandisziplin«. Gerade die Formel, in der die Menschwerdung Gottes bezeugt wurde, stand unter diesem Schutz. Von Anfang an war um Christus selbst ein souveränes Schweigen. »Da verbot er es seinen Jüngern, daß sie niemandem sagen sollten, er, Jesus, sei der Christus« (Mt 56,20).

Das Evangelium ist nicht nur Verkündigung. Es ist in der Eröffnung auch Verschließung. Das war es im Munde von Jesus Christus selbst. Das Bildwort spricht aus und verschweigt zugleich. »Euch ist's gegeben, daß ihr das Geheimnis des Himmelreichs versteht. Diesen aber ist's nicht gegeben.« Ja, es hat die Kraft, sich zu verschließen. »Wir reden die Weisheit Gottes im Geheimnis, die verborgene, die Gott vor den Äonen vorausbestimmt hat zu unserer Verklärung.« Daß etwas am Evangelium Geheimniswort ist, darüber kann kein Zweifel bestehen. Und zwar ein Geheimniswort, das nicht nur durch eine Arkandisziplin geheimgehalten wird, sondern das sich selbst geheimhält, indem es sich unserm Verstehen entzieht. Das ist die andere Seite unseres Atheismus. Er selbst ist die Tiefe dieses Geheimnisses, und was wir heute erfahren und optimistisch-selbstgerecht als »Mündigkeit« interpretieren, ist die Erfahrung der Nacht, in der Gott uns seine Verborgenheit mit Stecken auf den Rücken schlägt.

»Denn mit sehenden Augen sehen sie nicht und mit hörenden Ohren hören sie nicht.« Unsere theologischen Historisten müssen das auf das damalige Israel abwälzen. Nein! Es gilt heute und uns, den Theologen voran. Wir sagen »Nonsens« und sind der Verschlußautomatik verfallen. Wir sollten uns kritisch fragen, ob unsere scharfsinnigen Auslassungstechniken nicht die Not unseres Taub- und Blindseins »faute de mieux« zur Tugend machen. Hier, vor dem Verborgen-Unberührbaren gilt das unerbittliche Gesetz: »Wer aber nicht hat, von dem wird auch genommen, das er hat« (Mt 13,12). Da ist ein esoterischer Kern.

Wo wir an sein Ärgernis stoßen, da sind wir dem Besonderen des Evangeliums nahe. Ich weiß um die Schelte, die uns aus dem Selbstverständnis der Massenwelt entgegenschallt. Aber lassen wir uns hier nicht bange machen, eben um dieser Welt willen nicht, die gerade in diesem »Geheimnis des Himmelreichs« Gottes Geliebte ist.

Max Picard hat einmal zu mir gesagt, es gebe Zeiten – und die unsere sei eine solche –, in denen man die Wahrheit nicht sagen könne, in denen man schweigen müsse. Ich füge dem hinzu: in denen die Wahrheit sich selbst verschweigt. Es ist eine Art von Arkandisziplin, die von den arcana selbst ausgeht. Wir sagen dann, es »komme nicht mehr an« bei uns. Hier ist Selbstverschlüsselung des Geheimnisses am Werke vor der Selbstgerechtigkeit unserer Wissenschaftsreligion. Selbstverschlüsselung dort und Selbstverschließung hier entsprechen einander, um nicht zu sagen: erzeugen einander.

Hier lauern die Gefahren eines auseinanderbrechenden Bewußtseins. Dort die Radikalität des evangelischen Wortes von einer Welt am Ende, hier die Rationalität einer frenetischen Weltbemächtigung. Hier kommen wir nicht mit Gefühlsbeschwörungen und Versöhnungsberedsamkeit davon. Keine Liebe ohne Wahrheit. Hier müssen wir noch etwas verweilen, nämlich bei der Wahrheit, die sich im Geheimnis anbietet.

Ich finde eben bei Dietrich Bonhoeffer einige Stellen, in denen, wie mir scheint, in ähnlicher Richtung auf ein arcanum hin gedacht ist (Widerstand und Ergebung 180, 185; E. Bethge, Dietrich Bonhoeffer 987, 1065, 1090). Er kennt eine Unterscheidung von »Vorletztem« und »Letztem«. Es müsse, so sagt er in »Widerstand und Ergebung«, eine Arkandisziplin wiederhergestellt werden, »durch die die Geheimnisse des christlichen Glaubens vor Profanierung geschützt werden«. Nur in der Gemeinde könnten die arcana verstanden werden.

Die Generation nach Bonhoeffer hat nun das »weltliche Reden« in allen Variationen versucht, bis hin zur be wußten Gleichstellung mit dem säkularen Bewußtsein (»Mao, der säkulare Christ«). Das mag notwendig gewesen sein. Jetzt aber tritt dies andere hinzu: die Notwendigkeit, daß die »Identität des Christen« inmitten seiner »Identifikation mit der Welt« (E. Bethge, a. a. O., S. 987) zugleich gewährleistet bleibt. Die Stunde ist jetzt da: daß mit dem bekannten Vorletzten auch das zu verschweigende Letzte dem Glauben gegenwärtig sei. Das gehört komplementär zu Bonhoeffers »religionslosem Christen«.

Es ist eine Kollegnotiz Bonhoeffers erhalten, in der er von Zeiten spricht, in denen »ein qualifiziertes Schweigen« besser sei als »das unqualifizierte Reden in verlogenen Prinzipien«. Wobei ich hinzufüge, daß auch »weltlich reden« nicht dagegen gefeit ist, ein solches unqualifiziertes Reden zu sein. Es muß zum Reden in »verlogenen Prinzipien« kommen ohne die arcana. Sie sind das geheime Salz, das unsere säkulare Theologie vor dem Hineinverfaulen in die ohnehin ins Grenzenlose wuchernden »Hoffnungen« schützt. Sie sind mehr als das Salz. Sie sind Kern, um dessentwillen es in der frühchristlichen Gemeinde eben jene »Arkandisziplin« gab. Von diesem Kern her lebt auch die missionarische »Wendung zur Welt«. Die Wiedererkennung und Bewahrung der arcana ist die Aufgabe der Gemeinde. Sie eint der Schatz, aus dem sie lebt. Er rechtfertigt »die kleine Zahl«. Denn nur sie kann um das arcanum wissen, weil sein Geheimnis nur von den wenigen bewahrt werden kann. Die wenigen und das Geheimwort verbergen einander. Die Wendung nach außen zur Welt hin und nach innen zur Gemeinde sind die zwei Seiten des *einen* Geschehens, in dem sich Heilsgeschichte in der Welt ereignet. Beides ist ein und dieselbe Sache. Das Außen ist nicht ohne das Innen und umgekehrt. Aber der Intellekt kann nicht anders erkennen als im Zertrennen. Er sondiert, und jede Einheit zerfällt unter seiner Schneide in Fragmente. In der Rationalität verstümmelt sich der Mensch, wenn er sein Erkanntes für das Ganze nimmt. Hier ist Gefahr im Verzug nach beiden Seiten hin: ein Doppelakt der Selbstvernichtung ist bei uns im Gange. Das ist unser Unglück, daß diese *eine* Sache, das Offenbare im Geheimen und das Geheime im Offenbaren, auseinandergebrochen ist.

Zur Weltlichkeit Gottes gehört seine Heimlichkeit. Die Heimlichkeit aber ist das größere, weil die Wirklichkeit von ihr ausgeht und lebt. Die Gestalt der Welt schwindet dahin, sagt der Apostel. In der Heimlichkeit Gottes ist Schöpfung nicht nur bewahrt. Aus der Heimlichkeit gehen auch neue Schöpfungsakte neuer Welten hervor. Nur durch Schöpfung geht es weiter. Nur durch sie wird Geschichte überwunden. In der Heimlichkeit Gottes bleibt uns das Ziel unserer Hoffnung verbürgt. In seiner Weltlichkeit aber die Kraft, die Macht der Zerstörung in dieser Welt »aufzuhalten«.

Die Weltlichkeit Gottes *und* das arcanum! Das ist uns auseinandergefallen. Es ist die Einheit und in der Einheit unser Besonderes. Nachdem wir uns nun in der »Verantwortung für die Welt«, wie mir scheint, doch ein wenig übernommen haben, ist es Zeit, unser arcanum wiederzuentdecken, uns in der Gemeinde mit neuer Leidenschaft um seine Entschlüsselung zu mühen. Denn göttliche Weisheit hat es so tief verschlüsselt, daß wir erst einmal verdutzt in Abstand gehen. Diese Entschlüsselung aber und ihr Schweiß gehören der Gemeinde. Das Risiko, in Isolierung zu geraten, ist dabei groß. Es ist nicht größer als das Risiko der Weltläufigkeit auf der anderen Seite. Nur in der Preisgabe an diese doppelte Gefahr erfüllt sie ihren Auftrag. Dabei wird sich zeigen, wie hochpolitisch diese Unabhängigkeit ist.

In einem Weltklima einer tyrannischen publicity, in der striptease auf jeder Ebene als die große Tugend der Ehrlichen gilt, ist die Tatsache eines arcanum das große Ärgernis. Wahrlich ein Politikum von Rang, wie auch immer mittelbar. Und schon darum Grund genug, ein Christ zu sein. Wozu dann auch das Leiden wieder gehört.

Steinerne Himmel und theologische Fakire

11.

34. Brief (1937)

Da ich nun am Zug bin, lassen Sie mich einmal fortfahren. Nun zwar nicht »über« die Realität, um die es im Christentum geht, zu philosophieren. Vielmehr lassen Sie mich ganz einfach einmal dem Evangelium beitreten und als Existierender *berichten*. Ich muß mir auf diesem Boden immer wieder sagen: es ist nicht »richtig« nach der Ausrechnung der Gedanken – »stimmen aber« tut's doch, nämlich nach dem Leben. Das ist mir ja damals zum erstenmal schon so gegangen vor dem Christusantlitz auf dem dunklen Fleisch. Es ist mir auch noch mit etwas anderem so gegangen.

Wir haben es ja berufsmäßig mit dem Beten zu tun. Außer den Kindern und den Frauen sind wir Pfarrer wohl bald die einzigen, die heute noch beten. Wir beten in den Kirchen und oft auch noch an den Sterbebetten. Da kommt man dann natürlich dazu, über diese Übung nachzudenken. Gebet ist doch offenbar da, wo noch lebendige Religion ist, und zwar überall, auch außerhalb des Christentums. »Religiosität« kennt schon kein Gebet mehr. Deshalb ist unsere Zeit ebenso »religiös« wie gebetsarm. An dieser Gebetsarmut der Zeit hat natürlich auch der Pfarrer teil. Auch wir sind Kinder unserer Zeit. Darüber half mir weder das Nachdenken noch das Ausüben hinweg. Denn auch hier ging es ganz ähnlich unerwartet und zufällig wie mit jenem ersten Aufleuchten auf dem dunklen Fleisch.

Bei meinem Studium des griechischen Christentums kam mir eines Tages ein Buch mit Hymnen[1] aus dem ersten christlichen Jahrtausend, dem Jahrtausend der noch ungeteilten Kirche, in die Hand. Die Übersetzung war nicht einmal gut und inhaltlich oft fremdartig. Aber merkwürdig, hier war Gebet! Zum erstenmal! Nicht *ich* betete, sondern *es* betete, wenn ich las. Es betete über ein volles Jahrtausend hinweg die ungeteilte Kirche. Um es paradox auszudrücken: erst als *ich* aufhörte zu beten, war das wahre Gebet da.

Diese Kraft ist auf der untersten Stufe offenbar eine *lösende* Macht: von den Affekten, den Leidenschaften, der Triebverfallenheit. Eine lösende Macht: von der Rechthaberei, insonderheit der geistigen, der frommen und religiösen. Vom Doktrinären, vom Prinzipiellen, das gerade Mann und Mann so unerbittlich voneinander scheiden kann. Eine Auflockerung der Verbohrtheit, der Verzwängung, der Verstockung des Gemütes. Eine Lösung der Isolierung, die die Personen voneinander trennt. Eine Aufhellung der Illusionen, eine Entkrampfung der Hände, die so zäh ihr Wunschbild umklammern. Es ist die Lösung, die Christus besingt in jenem einfältigen »Sorget nicht!« Sehet die Vögel, sehet die Lilien! Auch nur für einen Augenblick eingetaucht zu werden in das Bad einer solchen Freiheit! [1937]

---

[1] Symeon, der neue Theologe. Licht vom Licht. Hymnen, 1930. Übersetzt von Kilian Kirchhoff.

[1968]   Was ist inzwischen geschehen? Dreißig Jahre sind vergangen, seitdem dieser Brief geschrieben wurde. Kann man noch beten nach Auschwitz? Nach Hiroshima? Nach Vietnam? Nach all dem, was noch kommen wird? Daß es das gibt, daß so die Welt ist, das ist die große Anfechtung für den Beter in dieser Zeit. Der steinerne Himmel und – dahinter? darunter? – der schweigende Gott! »Herr der Welt, viel tust du, damit ich meinen Glauben aufgebe.« Da kann Gebet sich in den Racheschrei verkehren. Auch davon weiß der Psalmist. Kann man noch beten nach Auschwitz? Immer wieder von neuem ficht mich das an. »Und führe uns nicht in Versuchung!« Hat er es nicht getan? Tut er es nicht täglich? Ist es nicht besser, uns selbst vom »Übel zu erlösen«, radikal politisch, jetzt sozialistisch, da es faschistisch nicht ging? Zeigt nicht der Uhrzeiger auf den Gott Mao und den Messianismus der Weltrevolution?

Was ist inzwischen geschehen? Kein Niedergang des Gebetes. Der war schon vorher da. Die Lage unter Hitler war primitiv der heutigen gegenüber. Was da inzwischen geschehen ist, kann nur noch als die »innere Apokalyptik« des Christentums bezeichnet werden.

Das Gesetz des Jahrhunderts ist unentrinnbar. Es ist das Gesetz des endgültig auf sich selbst zurückgeworfenen Menschen. Wir interpretieren diese Wendung als Fortschritt. Die autonome Welt ist die große Parole der Zeit, ihr neuer Mythus. Gott ist uninteressant geworden, da der Mensch jetzt sich selbst Welthorizont und Mitte der Dinge ist. Das ist folgerichtig. Habe ich a gesagt = »kein Gott«, so muß ich auch b sagen = »der Mensch und sonst nichts«. Mit dieser Wendung wendet sich auch die Sprache. Nichts Charakterloseres als die Sprache! In ihr ist schlechterdings alles möglich. In der Sprache geschieht es, daß sich Böses als Gutes interpretiert, daß sich der Antichrist als Christus proklamiert. Alles durch Sprache.

Wir müssen in der Theologie ein ganz neues Sprachgewissen bekommen. Gebet ist nicht mehr Gebet, wenn für das Gebet das Wort »Arbeit« oder »Hingabe« gesetzt wird. Evangelium ist nicht mehr »Anbruch einer neuen Welt«, wenn eine »konkrete Utopie« dafür gesetzt wird. Die großen Ideokraten wissen sehr genau um diesen »Alleskleber«, genannt Sprache. Sie machen unbekümmert Gebrauch von dieser Eigenschaft: in den Ideologien. Auch die Sprache läßt sich »regulieren«.

Ich erinnere mich an eine Rede Hitlers. Ich weiß es nicht, war es vor der SA oder auf einem Reichsparteitag. Dort hieß es etwa so: Unser Beten ist Arbeiten für unser Volk. Hingabe mit allem, was wir sind, war von uns gefordert. Bei John A. T. Robinson in »Gott ist anders« (S. 104) lese ich »Im Gebet geben wir uns andern Menschen mit allem hin, was wir selbst sind, wir sind bereit, dem Unbedingten im Bedingten zu begegnen«. Warum so gewunden? Warum nicht gleich ehrlicher Atheist? Im Politischen hat der Mensch zuerst die Konsequenzen gezogen. Am klarsten im Staatsatheismus der Kommunisten, verdeckter bei den Faschisten. Aber beide, Stalin und Hitler, tun darin dasselbe, daß sie an Stelle des Gebetes »Arbeit« setzen und »Hingabe« an das Unbedingte ihrer totalitären Ideologien.

Hingabe in Arbeit übt auch der Forscher, der Astronaut. Das verläuft alles in einer Ebene. Nur die Wege sind verschieden. Aller Ziel aber ist der Mensch.

In einer Illustrierten mit Millionenauflage sah ich eine Fotomontage. Links zwei Roboterhände, die ein Gefäß mit radioaktivem Inhalt im Isolierraum öffnen, hinter einer Scheibe ein angespanntes Gesicht. Rechts drei Männer bäuerlichen Typs in Andachtsgeste verharrend. Unterschrift: »Erforschen irdischer Materie, Erflehen außerirdischer Gnade, beides kann zur Form des Gottesdienstes werden.«

In einer großen Tageszeitung berichtet eine Reporterin von ihrem Interview mit amerikanischen Astronauten. Sie wollte wissen, was diese Männer empfinden, wenn sie in den Raum hinausgeschossen werden. Einer meinte, es sei wie ein Gebet.

»Gebet« für wen? An wen? Für den Menschen! Etwa

auch an den Menschen? Selbstanbetung des Menschen in Hingabe und Arbeit? Warum nicht? Ist es der Mensch und sonst nichts, dann ist eine atheistische Humanität, in der der Mensch sich selbst glaubt und liebt, eine saubere und ehrliche – politische – Lehre.

Die Gottesbegegnung im »Du« ist die fragwürdigste Sache von der Welt. Jedes Du ist Öffentlichkeit. Hier ist vergessen, daß mir im Nächsten auch der Teufel begegnen kann, und zwar so, daß ich ihn gar nicht erkenne. Gibt es doch auch den »lichten« Teufel, dessen Teufelei damit beginnt, daß er mir sonnenklar macht, es gebe ihn nicht.

Dieses »Gebet« kann alles sein. Noch immer beten wir im großen Kirchengebet für die Obrigkeit. Für welche eigentlich? Im Zeitalter des Weltbürgerkrieges? In unserem deutschen Fall: für die in der Deutschen Demokratischen- oder in der Bundesrepublik? Dreht sich hier nicht der Gemeinde hüben und drüben das Wort im Munde um und wird zur politischen Propaganda? Johnson forderte während der Negerunruhen die Amerikaner auf zum Gebet. Propaganda? Oder nicht? Auf einem Bildschirm sieht man Papst und Metropolit kniend zu Boden sinken, sieht man die Israelis an der Klagemauer beten, sieht man einen deutschen Bundeskanzler in einem Tempel vor Buddhas Zahn im Gebetsgestus verharren. Ob gewollt oder nicht, Gebet wird show. Ein Feld der Heuchelei größten Stiles ringsum. Gebet in der Öffentlichkeit? Zurück in die Kammer und den Schlüssel im Schloß umgedreht! Nie war jenes Christuswort aktueller als heute. Jesus ging in die Wüste, um zu beten. Sie ist der klassische Beter-Ort. Und die Kammer. Bete im Verborgenen, nicht in der Öffentlichkeit. Das gerät dir möglicherweise zur show für die anderen oder zur Propaganda für die Ideologen, in der du nur der Manipulierte bist. Dem gleiche dich nicht an.

In diesem »Umfunktionieren« des Gebetes läßt sich mit jeder wünschbaren Deutlichkeit das Gesetz der totalen Politik ablesen. Es ist die Rücknahme des Gebetes in den gesellschaftlichen Prozeß. Theologie aber ist jetzt Selbstintegration in diesen Prozeß. Hier wird Identifikation zum Identitätsverlust. Selbstverfremdung als theologische Tugend ist das Endphänomen eines sein eigenes Gesicht nicht mehr erkennenden Christentums.

Hier ist ein kritisches Innehalten das Gebot der Stunde. Ist der Fundus mitgegangen, aus dem der Glaube lebt? Läßt er sich, wenn er wirklich Glauben fundiert, »umfunktionieren«, »uminterpretieren«, »reintegrieren«? Etwa in »Mitmenschlichkeit«? Ist etwa die Wurzel mitgegangen?

Wie hieß das doch bei dem Psalmisten? Hieß es etwa so: Wenn ich nur den Mitmenschen habe, dann habe ich dich? Hieß es nicht umgekehrt: »Wenn ich nur dich habe, dann frage ich nicht – nach Himmel und Erde«?

Das Gebet reicht tiefer als die Politik in die Existenz hinab, dorthin, wo »Politik« ein Hohn ist. Deshalb ist es nicht die »Welt«, nicht die »Geschichte«, sondern die leidende Kreatur, die dem Christen zur Verantwortung übergeben ist. Daß sie es aushalten kann, so die Gesellschaftswelt zu gestalten, ist schon ein höchstes Ziel.

Es gibt nicht nur die Gesellschaftswelt. Es gibt auch die Welt, in der wir ein Geschick haben. In der leidenden Kreatur hängt das Ganze zusammen. Um das Ausgelassene geht es. Daß wir leidende Kreatur sind, das auszulassen, darauf drängt die Glückserwartung in einer technischen Gesamtgesellschaft. Aber da ist ein Phänomen, das noch nicht in Sicht gekommen ist, das nicht in Sicht kommen kann, wo das Ausgelassene im Bewußtseinsraum fehlt. Der Sektor außen und der Sektor innen verhalten sich wie zwei kommunizierende Röhren. Je mehr Glück im Außen, desto mehr Leid im Innen. Für jedes Auto steht heute eine Couch beim Psychoanalytiker. Das Wartezimmer der bekannten Gynäkologin ist überfüllt. Die Frauen und Mädchen blättern in den Illustrierten. Da breitet sich in leuchtenden Farben ein Sex-Paradies aus. Aber dort in der Wand

ist die Tür zum Ordinationsraum. Was geht dahinter vor
sich? Je mehr Paradies außen, desto mehr Hölle innen.
Hier lügt uns einer was vom Glück vor, und wir lauschen
hingerissen. Aber das Ausgelassene ist. Zwar hat die leidende Kreatur ihr Geschick in der Gesellschaft. Und doch
erschöpft sich Geschick nicht in ihr. Da ist eine Quote, die
schießt über den Rand des Gesellschaftlichen hinaus! Diese Quote läßt sich durch Politik nicht beheben, nur ver-
mehren. Im Glückerwirken schafft sie neues Leid, Meere
von Leid über ganze Kontinente hin. Darum Rebellion in
der ganzen Welt. In der Welt innen, in der wir unser Geschick haben, erstrecken sich Schlachtfelder, unabsehbare,
übersät mit verlassen Sterbenden, die keiner zählt, die keiner kennt, von denen der Einzelne nur weiß, wenn er
selbst in dieser Wüste sich findet.

Es gibt viele Gesellschaftsformen, aber nur eine einzige Landschaft des Leides. Sie hat etwas Urweltliches an
sich. Alle vom Weibe Geborenen wohnen in ihr. Sie erstreckt sich durch alle Zeiten, alle Kulturen, alle Religionen, alle Klimata, von der Arktis bis zum Äquator. Sie ist
immer dieselbe und doch immer anders. Sie ist nicht sta-
tisch, sondern dynamisch. Sie ist eine vulkanische Landschaft. Sie erstreckt sich vom verborgenen Winkel einer
anonymen Existenz bis in die Welthorizonte der großen
messianischen Aufbrüche. In ihr weiß man kraft der To-
desweisheit des Fleisches, daß es nicht um Glück, sondern
um die Macht geht; daß Machtbesitz das Glück nicht nur
bringt, sondern ist: so wahr der Mensch der Entmachtete
ist. Um das Ausgelassene geht es, um das Ausgelassene an
Wirklichkeit, und die Lüge, die dieses Auslassen ist.

Wir entrinnen dem nicht, was Goethe in jenem Passus
aus »Dichtung und Wahrheit« das »Ungeheuere, Unfaßliche« nennt. Es ist im Geschick gegenwärtig. Wir sind im
modernen Bewußtsein mit Scharfsinn bedacht, alle Worte
auf den Müll zu werfen, die uns an die Realität des Nicht-
Manipulierbaren erinnern. So zieht sich unsere Vorstellung
von Welt zusammen auf das Manipulierbare. Aber das

»Ungeheuere, Unfaßliche« ist. Gerade in der allgemeinen Flucht vor ihm bezeugt sich seine Unentrinnbarkeit.

Es sind die vorletzten Dinge, die in der Gesellschaftswelt vorgeben, die letzten zu sein. Nicht die Gesellschaftswelt ist es, in der die letzten Dinge signalisiert werden. Es ist die Welt des Leides, die sich gerade dort in das Untragbare hinaufsteigert, wo wir ihr zu entrinnen trachten in eine Utopie hinein. Gerade hier, im Entrinnen, wird die Erfahrung des Endes der menschlichen Möglichkeit gemacht. Hier schießt die Quote des Leids über Plan und Zahl hinaus. Hier gibt es den Tod.

Mittelbar, wie in Spiegelschrift, im Negativ gleichsam, gibt es hier jene Signale »vom anderen Stern«. In der Gesellschaftswelt kann es sie nicht geben, weil hier auf die Utopie hinausgelebt wird, kraft der Ideologie das Leid in das große Glück wandeln zu können. In der Gesellschaftswelt ist deshalb mit Gott auch der Tod tabuiert. So ist es folgerichtig auch das Sterbegebet, das erst im Verlassen der Gesellschaftswelt, im Heraustreten aus ihr, gebetet werden kann. In ihm setzen sich beide, Tod und Gott, über alles Mündigkeitsglück hinweg wieder in Kraft. In ihm enthüllt sich die Gesellschaftswelt dem Todesschicksal als zugehörig.

Der sterbende Christus betet, es möge der Vater den Kreuzigern vergeben. »Vergeben« heißt, etwas derart weggeben, nämlich in das Vergangensein, daß es nicht mehr da ist. Kreuzigung ist hier Strafvollzug, von der Gesellschaft geübt, der religiösen und der politischen. Diesen Akt »vergeben« heißt ihn für nichtig erklären. Warum? »Denn sie wissen nicht, was sie tun.« Im »Vorletzten« der Gesellschaftswelt gibt es keine Möglichkeit, den Grund, den Sinn und das Ziel vom »Letzten« her zu wissen.

Daß der Ring der Selbstumkreisung aufgesprengt wird, das, scheint mir, ist das Hauptstück am Gebet. Hier wird uns Antwort zuteil, weit über unser menschliches »Bitten und Verstehen« hinaus. Antwort, die unmittelbar an den Kern unserer Verlegenheit rührt, weil sie uns Freiheit zuatmet, zuerst Freiheit von uns selbst. Dann aber Freiheit »für«. Frei von mir werde ich offen für das Reich. Die Bitte für die Gesellschaft wird – wie nebenher – noch mitgenommen mit dem Nebensatz: »so wird Euch solches alles zufallen«. Verheißung hat nur die Bitte um das pneuma, das die Welt wandeln wird. Wie mit unwiderstehlichem Stoß bricht das Vaterunser in der dreimaligen Preisung des Eingangs den Ring der Selbstumkreisung auseinander und in der dreimaligen Preisung am Schluß vereidigt es den Beter auf die Gottesmitte hin. Nur eine einzige Bitte, die erste des Mittelstückes, faßt in einem einzigen Wort, dem Worte »Brot« alles zusammen, was Wirtschaft, Gesellschaft, was unser Machen betrifft. Weil aber dieses Machen einer machbaren Welt nicht ohne gemeinsame Schuld – Gewalt selbst in der Verwirklichung des Guten! – geschehen kann, zugleich Bitte um Vergebung aller, für alle und für alles. Und dann die beiden letzten Bitten des Mittelstücks, die uns, wie unter einem Blitz in der Nacht mit Christus zusammen auf dem Berg der Versuchung erkennen lassen in einer Welt, aus der heraus wir mit eigener Kraft nicht den Ausweg finden werden.

Daß es so ist, das ist uns vorgegeben. Es ist ein Grundbefund. An ihm ändert Gebet nichts. Gebet manifestiert sich vielmehr in ihm als letzte »Station vor dem Letzten«. Es bezeugt sich in ihm, daß Aushalten an diesem Ort, daß »Bestehen im Gericht« das Äußerste des Menschenmöglichen ist.

Aber zuvor, darin – Gebet! Gebet unter dem Schweigen des großen Du. Gerade dies ist der Ort, darin, darunter. »Wir sind mehr gerettet, als wir wissen« (Max Picard). Im Gebet ist dieses »Gerettet« anwesend für den Beter, unter der »Wolke des Nichtwissens« zu Boden gedrückt.

Gebet ist eine Vorstufe des Sterbens, auf der ich allein stehe. Sterben ist eine Ur-Situation und realisiert das Gebet des Einzelnen ganz allein: Sterben in das Sterben des Christus hinein; Wegsterben von mir, Sterben in den Vollender der Vollendung hinein.

Das Schweigen Gottes haben die großen Beter alle erfahren. Möglicherweise gerade die großen: der Psalmist, Hiob, Jesus. Es war ihnen zumutbar, diese besondere Nähe des großen Verborgenen. Sie sind deshalb nicht ausgeflüchtet auf den Menschen. Gerade das nicht. Genau umgekehrt! Wenn mir gleich Leib und Seele verschmachtet vor Einsamkeit, Du bist dennoch. Hier werden nicht faute de mieux Lückenbüßer fingiert. Auch in der »Hölle«, das ist: im Verschmachten vor Verlassenheit, »bist du auch da«. »Da es mir wehe tat und es mich stach in meinen Nieren, wußte ich nichts und war wie ein Tier vor dir.« Gerade darin warst du »mein Teil«. Nichts da von »Mitmenschlichkeit«. Auch die Kehrseite ist da, auch sie sind da, die sich »brüsten wie ein fetter Wanst ... Was sie reden, das muß vom Himmel herab geredet sein, was sie sagen, das muß gelten auf Erden.« Das ist der Realismus des biblischen Menschen. Gott ist nicht an die Weltlichkeit der Welt gebunden. Gerade dort, wo sie vergeht und ich mit ihr, wird er zu »meines Herzens Trost« (Ps 73).

Es ist gerade in diesen Tagen, daß ich den Bericht des Lagerarztes lese über die letzten Augenblicke Bonhoeffers vor seiner Hinrichtung (E. Bethge, S. 1038). Er ist zehn Jahre danach niedergeschrieben worden. »Am Morgen des betreffenden Tages zwischen 5 und 6 Uhr wurden die Gefangenen ... aus den Zellen geführt und die kriegsgerichtlichen Urteile verlesen. Durch die halbgeöffnete Tür eines Zimmers im Barackenbau sah ich vor der Ablegung der Häftlingskleidung Pastor Bonhoeffer in innigem Gespräch mit seinem Herrgott knien. Die hingebungsvolle und erhörungsgewisse Art des Gebetes dieses außerordentlich sympathischen Mannes hat mich auf das tiefste erschüttert. Auch an der Richtstätte selbst verrichtete er noch ein kurzes Gebet und bestieg dann mutig und gefaßt die Treppe zum Galgen. Der Tod erfolgte nach wenigen Sekunden.

Ich habe in meiner fast 50jährigen ärztlichen Tätigkeit kaum je einen Mann so gottergeben sterben sehen.«

Dietrich Bonhoeffer erinnert uns in diesem Letzten, das wir von ihm wissen, an ein Entscheidendes, das im Hören auf seine Stimme ausgelassen blieb. Wo »weltlich von Gott reden« in die politische Aktion zurückgenommen, wo Gebet als Arbeit in die Gesellschaft, ja möglicherweise in den materiellen Produktionsprozeß »integriert« worden ist, da ist ein Entscheidendes ausgelassen. Der Mensch existiert nicht nur in gesellschaftlichen Bezügen. Er ist ein Weltwesen. Und gerade davon realisiert sich etwas im Gebet.

35. Brief (1937)

Ich las neulich in der Lebensbeschreibung eines Mannes, er habe das schöne Antlitz jener Menschen besessen, die viel beteten. Ich mußte dabei an so manches Bildnis unserer Urgroßväterzeit denken, das mir durch eine verschollene, seltsame Schönheit auffiel, für die mir diese Bemerkung den Schlüssel gab. Denn unsere Urgroßväter sind wohl die letzten einer langen Geschlechterreihe gewesen, die noch beten konnte.

Es ist eine ehrliche Empfindung, mit der Sie angesichts der Hymnen bedauern, nicht mehr beten zu können. Wie tief sind wir gesunken, daß wir Heutigen uns solcher Bewegung schämen! Welche Verwüstung muß über die Seelen der letzten Geschlechter hingegangen sein, bis das Reden mit Gott, das eine mitgeborene Notwendigkeit des Menschen ist, so völlig erstarb, daß man sogar seiner einfachsten Kenntnis verlustig ging. So tief kann ein entthronter König sinken! So tief, daß er die haßt, die ihm sein Urbild wieder zeigen!

Ich weiß nicht, ob es möglich ist, Organe, die sich im Lauf der Jahrtausende zurückbildeten, aus ihrer Schrumpfung wieder zu lösen und zum ursprünglichen Gebrauch wieder zurückzuentwickeln. Das aber weiß ich, soll Jesus Christus irgendeine Bedeutung haben, die über die gewohnten Abläufe unserer Geschichts- und Naturwelt hinausgeht, so die, das Urbild in uns zu wecken und in seine Gestalt, nämlich in Ihn Selbst, hineinzubilden. Dazu mit unserer ganzen Person bereit zu werden, ist schon ein Großes. Es gibt eine solche, wie ich sie nennen möchte, *tätige* Bereitschaft. Es ist eine Art der Vorübung zum Glauben. Es hat dieses »Verfahren«, das ich Ihnen jetzt schildern will, etwas von den Wiederbelebungsversuchen Ertrunkener an sich. Auch hier wird der Körper in eine tätige Bereitschaft gesetzt. Atmen muß er freilich selbst. Es geht da nicht ohne eine gewisse Methodik bei einer solchen Heilkur. Zuerst muß man dazu kommen, in seinem Leben eine *Schweigeminute* auszusparen. In dieser Schweigeminute steckt das Geheimnis des Anfangs. Ist das Gebet das Einatmen des inwendigen Menschen, so muß es leer in uns sein. Das ist das Schweigen, die schöpferische Leere, in die hinein ich atme. Es liegt auf der Hand, wie schwer für uns dieses Schweigen ist, für uns Heutige, die wir gleichsam den Atem nur ausstoßen, die wir nur reden und tun und machen und von unserem grandiosen Betrieb, wie die Sprache so treffsicher sagt, »aufgefressen« werden.

Ich habe dieses »Ein-Vaterunser-lang-Schweigen« hier auf dem Dorfe gelernt, wo es noch als Sitte bei der Beerdigung geübt wird. In dem liturgischen Akt vor dem Sterbehaus wird hier nämlich ein »stilles Vaterunser« von der Trauergemeinde gebetet, das der

Pfarrer mit der Aufforderung einleitet, dabei »des eigenen Todes zu gedenken«. Nebenbei bemerkt: Es stammt von diesem »stillen Gebet« die hier übliche Redensart von einem Menschen mit sehr elendem Aussehen, man könne ihm »das Vaterunser durch die Backen sehen« ab!

Das also ist das Erste und Unerläßliche: in der Schweigeminute einen Schweigeraum schaffen. Das Wo und Wann ist dabei gleichgültig. Der beste Augenblick ist der in der Morgenstille vor dem Aufstehen. Vielleicht auch noch der am Abend vor dem Einschlafen. Tagsüber wird es dann auf jeden Fall schwieriger sein. Aber gerade der Großstädter hat noch manche Gelegenheit, etwa auf der Fahrt zur Arbeitsstätte oder z. B. wo man irgendwo zu warten hat. Dann muß man anfangen, still und mehrmals zu denken: etwa die drei ersten Bitten des Vaterunsers. Oder den Schluß. Das ist schon sehr viel. Vielleicht aber auch nur eine einzige Bitte. Still und oft. Es ist auffallend, wie gerade dieses Wiederholen desselben Satzes oder auch nur Wortes einen gleichsam in den Anlauf bringt. In der Schweigeminute erfahren wir eine Befreiung entscheidender Art, nämlich von uns selbst. In ihr nimmt die Seele lautlos Wendung zu ihrem Ursprung. Darum ist das Gebet der gestillten Seele der Hymnus. Die Seele wird wieder flugfähig. Im Hymnus entschwingt sie den Besessenheiten der tödlichen Selbstumkreisung der Kreatur.

Der Hymnus ist das Samenkorn, in dem das Urbild des christlichen Gottesdienstes beschlossen liegt. Von ihm her habe ich den Zugang wiedergefunden zum Gottesdienst der Gemeinde, selbst in der Hoffnungslosigkeit seines gegenwärtigen Verfalls. Es genügt mir, in der Strophe eines Liedes, in dem Satz eines Gebetes seinen Ton zu vernehmen, um die Last der toten Predigt mit in Kauf zu nehmen. Ja, was noch viel schwerer ist, die durch Polemik oder Politik zu einem fiebrigen Scheinleben heute wieder erweckte zu ertragen. [1937]

36. Brief (1937)

Sie sagen, man merke, wie es einem beim wiederholten Lesen der Hymnen »über den Kopf weg an zu beten anfange«. Und zwar in einer ganz anderen Weise, wie man sonst sich beten denke. Und Sie glauben, daß so das wahre Beten sein müsse.

In der Tat, so ist es. Es ist in diesem Beten nicht mehr jene Schwüle des Gefühlsschwanges, jenes bohrende Kreisen um die eigene Not, nicht mehr jener Willensausbruch, der dann ohnmächtig wieder auf die Erde zurücksinkt. Hier wird nicht gefordert. Hier wird gepriesen.

Daß das geschah, daß dieses Hoffen und Sehnen, das allen Mythen der Völker zugrunde liegt, *Ereignis* wurde – dies Wunder wird gepriesen.

Noch bin ich nicht so weit, aber mir dämmert von hier aus auf, was es mit dem christlichen Abendmahl auf sich hat. Die griechische Kirche nennt diesen Akt eucharistia, das heißt Danksagung. Es ist dasselbe wie der Hymnus. Und trägt zugleich den Stamm des Charismas in seiner Wurzel »char«. Die eucharistia ist der Hymnus, der große Ur- und Erzhymnus, den die Christusgemeinde anstimmt, versammelt um den durch alle Zeit hindurch unablässig sprudelnden Born des sich selbst austeilenden Christus.

Hier an diesem Rand steht das Evangelium als ein ganz Einfaches, Einfältiges, das mit Namen zu berühren mir jetzt nicht zu Gebote steht. Aber um dieses Geheimnis herum stehen die Zeichen: *Charisma – Hymnus – Eucharistia.* [1937]

37. Brief (1937)

Sie halten mir ernüchternd entgegen, es möge freilich die Beschäftigung mit den Kräften der gegenwärtigen Sichtungszeit heute für mich von geringem Interesse sein, nicht aber für Sie. Und zwar aus einem doppelten Grund. Sie wünschten einmal meinen Weg voll zu verstehen, gerade im Hinblick auf seine Gründe. Dann aber auch um der Schäden selbst willen, deren Kenntnis für eine Änderung der Dinge nun einmal notwendig sei.

Ich will mich dieser Forderung nicht entziehen.

Es ist klar, daß sich der Zerfall der Kirche zuerst innerhalb der Theologie bemerkbar macht.

Unsere Theologie hat es nicht mehr vermocht, das »Quentchen Zimt«, das ihr Kierkegaard gereicht hat, als »Gewürz« in den Teig zu verrühren. Sie hat sich daran vergiftet. Sie, die Theologie, in ihrer Wurzel versehrt durch den Liberalismus des säkularsten Jahrhunderts, aß es mit der Gier der Erschöpfung unvermischt und in unüberlegter Hetze. Zuerst mundet das Gewürz, ja sein pikanter Geschmack reizt zu immer neuem Genuß. Zuerst wirkte das Heilgift lösend, dauernd genommen aber führt es zu Lähmung und Tod. Das alles war nicht schnell erfahren. Das alles kostete die bitteren Erfahrungen langer Jahre.

Gerade diese eine Erfahrung habe ich in den letzten Jahren bis zur Hefe ausgekostet: das Ende des christlichen Glaubens als Gedanklichkeit! Als raffinierte Gedanklichkeit, die im Denken des Paradoxen das Mysterium der Offenbarung glaubt erfaßt zu haben, im selben Augenblick aber schon der Lähmung verfallen ist. Denn was im Denken sich als der letzte Trumpf der Vernunft darstellt, das Denken des Paradoxen, das erweist sich im gelebten Leben als eine Infektion des Herzens, aus deren Starrkrampf nur ein Wunder Gottes den Geist zu erwecken vermag.

Auch nicht der raffinierteste dialektische Zirkel vermag zwischen seinen Bögen die »Sache selbst« zu umschließen. Auch nicht die bis zur Sterilität »gereinigte« christliche Lehre. Mit anderen Worten, das Evangelium ist eine *existentielle*, d. i. eine *gelebte* Wahrheit. Es ist eine Wahrheit, die – wenn auch gedacht – durch und durch unauflösbares Leben bleibt.

Ich könnte diese Katastrophe des theoretischen Christen auch so ausdrücken: denken kann man wohl so, aber leben nicht. Will ich aber beides, so denkend leben – und ich will nicht, ich muß! –, so wird mein Dasein zur *gelebten* Lüge. Ich ertappe mich nämlich dabei, als »Theologe« vermittels der Theorie mich aus der Existenz, der wir nun einmal schicksalsmäßig zugeboren sind, zu lösen. Theologie als Lösung aus der Existenz! Als Flucht vor den Menschen heute! Als Flucht vor der Not dieser Zeit! Als Flucht in das religiöse Tabu! Das Christentum als ein neues Mönchtum, ein intellektuelles Mönchtum! Die Theologie als eine neue Werkheiligkeit, als das heilsnotwendige Werk der reinen, der korrekten Theorie! Das Christentum – ein neues Fakirtum, an mir selber entdeckt! Sehen Sie, dieses »So-tun-als-ob«! Nämlich

– »als ob« ich, der Fakir, tatsächlich in der Luft stehe. »Als ob« ich, der Theologe, nun im theologischen Tabu tatsächlich unanrührbar geworden sei. »Als ob« es gerade das am sterilisierten Faden aufgehängte Saatkorn des »Wortes« sei, das die Frucht bringt. Sehen Sie, dieses theologische Reden, dieses mein angeblich so »reformatorisches«, in Wirklichkeit gottloses »Glauben, als ob« ich in Christus eine neue Kreatur sei, »in Wirklichkeit« aber doch noch der alte Todesmensch bin. Dieses mein – in dem besonderen politischen Fall unserer Tage – so selbsttäuscherisches Weiterreden, »als ob« nichts geschehen sei, und doch bis in meine letzte unbewußte Regung hinab von meinem Gegner Abhängig-geworden-Sein – sehen Sie, an der erbarmungslosen Erfahrung dieser meiner eigenen theologischen Existenz als existentieller Lüge[1] bin ich erwacht. Das aber war das Evangelium in Wirklichkeit: zu mir, der ich Erde war und Acker, war das Wort gekommen. Es hatte sich selbst in diesem Evangelium als das im Acker verwesende Weizenkorn zu erkennen gegeben. Das heißt, ich habe teil daran, ich habe teil daran nicht als der Theorist, ich habe teil daran als der Acker, habe teil daran als Existierender. Nicht also: Lösung aus der Existenz, sondern ihre *Er*lösung; nicht die Flucht vor den Menschen heute und ihrer ganz speziellen Not, sondern ihre Heimholung; nicht das Ende der Welt, sondern ihre Voll-Endung war das Evangelium. Die Wahrheit, die auch den Theologen freimacht von seinem verdorbenen Denken, ist und bleibt eine durch und durch existentielle Wahrheit.

Jetzt erst, über dieses »Alsob« hinweg, öffnete

---

[1] Eingehendes zu diesem Begriff in GW III, s. 163 ff.

sich mir der Weg zum anderen Menschen. Ich schwebte jetzt nicht mehr in dem theologischen Tabu des »Wortes« über meiner Gemeinde. Ich erkannte, daß ich mit jedem einzelnen ihrer Glieder dieselbe Existenz des heute gelebten Lebens trug. Ich schwebte nun auch nicht mehr über meinem Volke, sondern erkannte, daß ich gerade als Christ sein Leben und Leiden mit ihm leben und leiden mußte. Mit befreitem Auge sah ich jetzt, daß solche Künste keine Speise schufen für die schweren, schlichten Männer meiner Gemeinde, die von früh morgens bis spät abends mit der Axt im Walde standen oder durch die klumpige Erde ihrer Acker stampften. Ihr Sprachschatz mochte kaum über die tausend Worte des Dialektes hinausgehen. Ihre Gesichter waren nur mit einer einzigen Rune gezeichnet: der des harten Kampfes um das Leben in dem engen Kreis ihres Alltags. Immer wieder, wenn ich so eine breite, hornige Hand stumm in der meinen fühlte, stieg mir die Frage auf: Ist diese ganze Theologie am Ende doch etwa nur der Versuch des christlichen Intellekts, seine mit Gott in Unordnung geratene Rechnung um jeden Preis wieder stimmen zu machen? Ist sie eigentlich nur noch ein intellektueller Selbstrettungsversuch? Sei dem, wie ihm wolle, eines weiß ich heute: daß diese Männer es waren, die einfach die Liebe zu ihnen in mir erweckten und in mir Jahr und Jahr das Verlangen mehrten, gerade ihnen das Evangelium so zu sagen, daß sie es wirklich ergriffen, daß es zu ihnen kam und Brot wurde. Ich lernte hier, daß man wohl eine Theologie mit allen äußeren Zeichen der Richtigkeit machen kann *ohne* den Heiligen Geist, daß aber auch nur ein einziges Wort zum Brote Gottes werde *mit* dem Heiligen Geist. Ich lernte jetzt, daß der Gott meines Herrn Christus nicht das kritische Prinzip ist, das die Welt in eine »absolute Krisis« setzt. Ich lernte vielmehr, daß das Evangelium das Ende dieser Krisis ist. Ich lernte jetzt, daß Gott die Scheidung zwischen ihm und uns aufgehoben hatte und daß ein Christ sein heißt: die Grenze zu Gott hin nicht respektieren, sondern überschreiten. Ich lernte jetzt, daß *das* das Evangelium sei: »das Wort ward Fleisch«. Es ward! In dem ganzen Ausmaß aller seiner Folgen.

Nachschrift am anderen Tage

Wenn man einmal am Schreiben über diese Dinge ist, merkt man, daß es sich doch nicht so kurz abmachen läßt. Hat sich in ihnen doch ein entscheidendes Stück unseres geistigen Schicksals abgespielt.

Erinnern Sie sich an den großen Gegner der Reformation: Das, was in der Renaissance neu erschienen war, was im Humanismus sich selbst richtig als »Weltanschauung« benannte, nämlich »der Mensch Maß und Mitte«, hatte auch die spätmittelalterliche Kirche dieser Autonomie des Menschen unterworfen. Es trieb sein Wesen auch in der Kirche der Mensch, der sich durch die Kraft seines Tuns zu erlösen befähigt fand. Daß die Reformation als die *Antithese* hierzu auftrat, das ist das Gesetz ihres Antritts, nach dem sie auch ihren Lauf vollenden muß. Jener Philosophie von der Alleinwirksamkeit des Menschen stellte sie die Gegenphilosophie von der Alleinwirksamkeit Gottes gegenüber. Die heutige Situation zeigt dieselbe Dialektik, um einen Grad verschärft. Die Alleinwirksamkeit des autonomen

Menschen der Renaissance ist heute zum Nein des Menschen gegen Gott geworden, dem als Antithese das Nein Gottes gegen die Welt gegenübergestellt wird. Beide Antithesen sind philosophische Antithesen und haben dort eine logische Richtigkeit. Das Evangelium besagt gerade das Gegenteil: das Ende solcher Antithetik. Sagt die Philosophie der Verzweiflung, Gott habe sich von der Welt zurückgezogen, so sagt das Evangelium, daß er dennoch, trotz und gerade deswegen der Fleischgewordene sei, werde und bleibe. Hier muß die Buße im protestantischen Hause einsetzen. Denn schauen wir uns um! Durch unseren Protest drängen wir alle anderen, innerhalb wie außerhalb, auch ebenso grundsätzlich in den Protest. Wir sind schuldig daran geworden, daß die ganze Christenheit sich in diesen selbstmörderischen Prozeß der Antithese hineinbegeben hat. Jede Antithese löst eine neue aus. Dem katholischen Bilderdienst trat die reformierte Bilderfeindschaft gegenüber. Der klösterlichen Weltflucht die lutherische Weltseligkeit. Dem geweihten Kultraum der nüchterne Predigtsaal.

Man könnte hier ins Unendliche fortfahren. Denn durch den Fluch dieser Dialektik ist die Ganzheit des christlichen Lebens in ihre protestierenden Hälften auseinandergebrochen. Jede wahre Kirche Christi sieht sich alsbald einer noch wahreren gegenüber. Wenn Sie wieder einmal zu mir kommen, will ich Ihnen das Verzeichnis der protestantischen Sekten, das heißt der »allein wahren Kirchen Christi«, zeigen. Es umfaßt einen schmalen Band im Lexikonformat. Was heißt eigentlich von Gott in der Geschichte *ad absurdum* geführt werden anderes, wenn nicht das?

Von Geschlecht zu Geschlecht in einem solchen
Irrgarten umgetrieben, vom Entweder ins Oder gestürzt und vom Oder ins Entweder wieder zurückge-
schleudert, fangen wir heute an, mit neuer Inbrunst
wieder auf das zu schauen, was *vor* dem Protestan-
tisch- oder Katholischsein lag. Man kann auch sagen,
was nach ihm kommt. Da aber das Ungeborene der
Zukunft noch ohne Gestalt ist, wendet sich der Blick
naturgemäß zurück zu den christlichen Vätern des
ersten Jahrtausends, zu der vorkatholischen und vor-
protestantischen ungeteilten Kirche. Oder ganz persönlich und gegenwärtig gesprochen: In der Not einer
solchen ad absurdum Geführtwerdens wird man
wieder bereit zur Mitte, zur Ganzheit: zum unzerstückelten Christus. Da wird man reif für das Evangelium als das große schöpferische Gottes-Ja. Auch die
kleinste Dosis von Eifern, von Zorn erkennt man jetzt
als Gift darin. Nicht »gegen« diese oder »gegen« jene
gilt es zu zeugen, sondern allein »für« Christus. In
diesem Augenblick aber, in diesem »Für« steht das
Evangelium auf aus der Hilflosigkeit der Verteidigung
und bricht zum Angriff vor. Merkwürdig – im Lauf
der Jahre wurde mir gerade das Apostolikum immer
deutlicher zum Höhepunkt des Gottesdienstes, den
ich sonntäglich zu halten hatte. Heute kenne ich
etwas vom Geheimnis seiner Kraft: es zeugt nicht
»gegen« diesen oder jenen, sondern allein »für«. Am
Anfang aller Bekenntnisse stehend und fast so alt wie
das Christentum selbst, ist es in dem Ja dieses Für das
einzige *reine* Bekenntnis der Christenheit. Der Weg
der christlichen Bekenntnisse ist von da an ein Abfall
von diesem Für zum Wider, vom Ja zum Nein, vom
Gemeinschaftssymbol zur Unterscheidungslehre.
Das aber heißt: von der Reinheit zur Unreinheit.

Denn die Reinheit der Wahrheit ist im Sinne des Christus ihre Unbeflecktheit durch Haß und ihre Lichtheit durch Liebe.

Welche Reinigung haben wir Pfarrer von heute da nötig, die Reinigung vom Zorn, vom Eifern, von der Bitterkeit, ein jedesmal, wenn wir den Fuß auf die unterste Stufe zur Kanzel setzen! Daß das, was rein in uns eingegangen ist, nicht unrein wieder aus unserem Munde fahre!

Daß ich nun vom Letzten am liebsten schweige: von der politisierenden Kirche! Es mag uns ein solcher Politismus als noch so unvermeidlich bewiesen werden – er wird zum Gift in dem Brot, das man unseren Seelen reicht. Er ist die Wunde, aus der sich die Christenheit heute zu Tode blutet. In Deutschland und auf der ganzen Welt. Rechts wie links. Protestantisch wie katholisch. Die heiligsten Worte und Zeichen unseres Glaubens sind in diesem Machtkampf unglaubwürdig geworden. Wir haben mit Kreuz und Bibel aufeinander losgeschlagen. Es ist heute so weit bei den sich bekämpfenden Parteien, daß auch die höchste Frage der Kirche, die Frage nach der Wahrheit, nur noch entschieden wird mit dem taktisch wägenden Blick auf Sieg oder Niederlage der eigenen Sache.   [1937]

[1968]   Nicht ohne Bewegung lese ich diese beiden Briefe von 1937 noch einmal.

Was ist inzwischen nicht alles geschehen! Das Pendel ist in das andere Extrem hin ausgeschlagen. Nicht Dialektik mit Kierkegaard, sondern Mediation mit Hegel. Nicht mehr »Theologie der Krisis«: »Gott oben« und »die Welt unten«. Nein, die »Weltlichkeit« Gottes. Ich habe mir damals nicht Bange machen lassen von den politisierenden Theologen, weder von der »Bekennenden Kirche«, noch von den »Deutschen Christen«. Ich lasse es auch heute nicht, hatte ich doch schon lange vorher genau an diesem Punkte gründliche Belehrung empfangen.

Es ist ein Verhängnis, die Vermischung von Religion und Politik! Wie folgenschwer, das ist mir 1928 während meiner Reise »Zwischen Nil und Kaukasus« deutlich geworden. Da konnte man die Folgen sehen, in welche die Mission durch ihre tragische Verkettung mit den Kolonialmächten des Westens in den letzten zwei Jahrhunderten verstrickt war. Wer ist sicher, daß nicht in hundert Jahren ein anderer Baldwin vor einer anderen Kirchenkonferenz in einem anderen Uppsala Anklage erheben wird gegen die Gewalttaten einer sozialisierten Weltgesellschaft?

Dieser Tage war ich in Norddeutschland. Ich hatte ein bewegtes Gespräch mit einem »Linksintellektuellen«. Er berichtete mir von der Bildung einer Rechtsbewegung, in der »Volk« und »Vaterland« als theologische Größen erscheinen. Er erkannte die gefährliche Brisanz, die in dieser Verbindung verborgen war. Was er nicht erkannte, war derselbe Balken im eigenen Auge. Die rechts hatten genau dasselbe getan wie die links, nur das Vorzeichen war das entgegengesetzte. Dem »Volk« stand hier die »Menschheit«, dem »Vaterland« die »Welt«, dem »Artgenossen« der »Mitmensch« gegenüber. Zwei Feinde waren einander im »Namen Christi« in Sicht gekommen, und zwei Kreuzzugsparolen prallten aufeinander. Lebhaft stimmte »der links« dem Satz zu, daß »die rechts« »Mißbrauch mit der Religion« trieben. Aber daß links derselbe »Mißbrauch mit der Religion« im Schwange lag, das sah er nicht.[1]

Etwas stimmte da nicht.

Da ist ein Sog in der Atmosphäre, der alle geistigen, religiösen, moralischen Kräfte in sich aufsaugt, ständig

[1] Zu diesem Vorgang Eingehenderes in GW III, S. 31–83.

sich anverwandelt und in sich aufbraucht, ohne daß diese Kräfte die Entfremdung merken, sie vielmehr noch legitimieren.

Dieses Jahrhundert kennt nur das Gesetz der totalen Politik. In einer unserer großen Tageszeitungen sah ich zur Fünfzig-Jahr-Feier der russischen Revolution eine Karikatur. Lenin als Engel in den Wolken schwebend, dreht den Erdglobus am Spieß über dem Feuer der Revolution. »Sie ist bald gar«, ruft er dem Engel Marx zu, der ihm gegenüber auf einer Wolke wartend liegt.

Der geniale Tocqueville, am Anfang des 19. Jahrhunderts, hat das als einer der ersten gesehen. Er erkannte, daß jede Massendemokratie, sofern sie auf »Gleichheit« gründet, sich zur Massendiktatur, zur »Kopfzahldespotie« entwickeln müsse.

Die Demokratie ist »nichts weiter als ein konstitutioneller Willkür-Herrscher« (Proudhon). Das ist Tocqueville noch einmal. »Die Regierung des Menschen über den Menschen ist die Sklaverei.« »O Persönlichkeit des Menschen! Kann es sein, daß du sechzig Jahrhunderte lang in dieser Niedertracht versunken warst?«

Ja, es kann sein. Und nirgends ist ein Grund in der Erfahrung der Menschheit sichtbar, daß es anders sein könnte. Im Gegenteil, die Niedertracht steigert sich. Tocqueville und die Theoretiker des Anarchismus, Proudhon und Bakunin, sagten diesen Zwangslauf voraus zu einer Zeit, in der Übervölkerung und Technisierung der Welt noch nicht erkennbar waren. Zwangsläufig mit diesem Prozeß in unserem Jahrhundert verläuft die totale Politisierung des öffentlichen Bewußtseins. Es gibt gar keine andere Möglichkeit zum Überleben. Darauf liefen die Aktionen des Faschismus hinaus – wie schon zuvor die russische Revolution von 1917. Hier im Kommunismus liegt der Ursprung und folgerichtig bei ihm auch das Gesetz des Handelns. Mit dem Unterliegen des Faschismus kam diese Entscheidung zur weltgeschichtlichen Wirkung. Unter dem Zeichen Maos ist das offenkundig geworden. Die Jugend der Welt bezeugt das direkt und indirekt bis tief hinein in die kapitalistischen Demokratien.

Keinen Ort sehe ich, der sich dieser Inkubation entzieht. Die alten Kulturböden sind durchsäuert. Die Religionen, voran das Christentum in allen seinen Konfessionen und Denominationen, aber auch der Hinduismus, Buddhismus, Islam, vom Judentum nicht zu reden, sind Einzugsgebiet, aus denen der Messianismus der neuen Weltgesellschaft sich mit moralischen, idealistischen, religiösen Kräften vollsaugt.

Das alles geschieht in einem neuen Glauben an die Vernunft. Eine merkwürdige Situation, durch und durch zweideutig. Der Intellekt kann alles beweisen, alles widerlegen. In der Reflexion erscheinen alle Möglichkeiten ausgeschöpft. Kein anderer Weg scheint zu bleiben als der Kopfsprung in die Emotion. Wobei sichtbar wird, daß der Mensch alles andere als ein Vernunftwesen ist. Während wir ein rationales Weltbild errichten, müssen wir erfahren, daß hinter der rationalen Fassade die Wüste wächst und sich Finsternisse in riesigen Kavernen bilden, Lauerstellungen von Dämonen, gegen die das biologische »Wildtier« im Menschen ein Waisenknabe ist. Aber von Dämonen darf man nicht reden. Das erlauben die Dämonen nicht. Inzwischen werden wir von ihnen hintergangen. Sie argumentieren bereits »theologisch«. Das hat den Klang des Absoluten an sich. Da kann man mit Gewissensdruck nötigen. Da wird das Moralische terroristisch. Neue »Kreuzzüge« sind im Gange. Wir wehren uns gegen das Manipuliertwerden und merken nicht, daß wir selbst manipulieren. Der »religionslose Christ« ist unter der Hand ein »politischer Pietist« geworden. Jedes Bibelwort dreht sich uns im Mund um in Propaganda pro oder contra. Die theologischen Termini haben nur noch die Funktion, ein politisches Engagement dem geschundenen Gewissen abzupressen. Daß das Christliche in der Welt der allgemeinen Gleichheit ein Besonderes sein könne, dieser Gedanke ist gleicherweise als dumm wie als verbrecherisch denunziert.

Es ist folgerichtig, daß unter dem Gesetz des Jahrhunderts, »weltlich von Gott reden« politisch reden und schließlich dann politisch handeln ist. Jener junge Vikar traf mit seiner Frage schon ins Zentrum: ob Sozialismus, Humanismus, ob die Friedensbewegung nicht die wahre Erfüllung des Evangeliums seien. Und jener andere hatte ehrlich Farbe bekannt mit der These von Mao als dem »säkularen Christen« und dem »Heiligen ohne Gott«.

Ist es nicht so, daß wir in der Identifikation mit der Welt unsere Identität verloren haben?

Eine Theologie, die keine eigene Sache mehr hat, engagiert sich woanders. Genauer – sie wird über ihren Kopf weg engagiert. Engagierte Theologie ist getarnte politische Ideologie. Einer Theologie, die keine ureigene Sache mehr hat, geschieht es recht, wenn sie in die Politik eingeschlachtet wird. Hier stehen die Dinge Spitz auf Knopf. Es ist Schicksalsstunde. *Mittelbarkeit* ist die Grundstruktur, über die allein diese ureigene Sache der Welt zum Heil wird.

Wo das Absolute unmittelbar ins weltliche Spiel gebracht wird, da entsteht Lüge und Mord. Da wird das »Reich Gottes« zur Hölle auf Erden. Nicht nur in Münster! Darin sind alle gleich, Byzanz und Rom, Wittenberg und Genf. Gottesstaat wie Staatsvergottung sind beide Abfall in die Unmittelbarkeit des Götzen. Dieser Abfall bricht in den totalitären Regimen heute unverhüllt in die Säkularität durch. Verwoerds Rassismus war in kalvinistischem Erwählungsbewußtsein begründet. Aber auch der Antirassismus seines Mörders hat keine christliche Rechtfertigung. Wenn dieser »Gott« nicht immer schon tot war, heute wird er endgültig getötet: als politischer »Leistungseffekt«.

Im Sommer 1966 tagte in Genf eine »Weltkonferenz für Kirche und Gesellschaft«. 400 Delegierte aus 90 Ländern nahmen daran teil. Der junge farbige Rechtsanwalt aus Nigeria, Bola Ilge, wandelte in seinem Vortrag den Vers aus der Bergpredigt vom Trachten nach dem Reich Gottes so ab: »Trachtet zuerst nach der politischen Macht, so wird euch alles andere zufallen.« Er sagte: »Für uns ist die Politik die wichtigste Waffe, mit der wir einen neuen Menschen und eine neue Gesellschaft schaffen ...« Dasselbe ist es mit Vietnam. Christen demonstrieren hier gegeneinander mit »christlichen« Argumenten. Es wird unweigerlich Politik daraus, kapitalistische oder kommunistische oder sonst irgendeine. Und das ist der springende Punkt. Denn wo »Gott« ins politische Spiel hereingebracht wird, da wird auch der Anspruch der Absolutheit mit hereingebracht. Da wird die Bergpredigt terroristisch, die Theologie ideologisch.

Nichts, was in des Menschen Haus ist, besteht in Sicherheit, auch die Säkularität nicht. In der Säkularität ist auch eine negative Komponente am Werk. Wir sind farbenblind. Wir sehen nur grün. Das ist verkehrsgefährdend. Dort geschieht das Unglück, wo die Säkularität aus dem christlichen Ursprung unkritisch den Absolutheitsanspruch ins Politische mit hinübernimmt. Das religiöse Motiv im Politischen führt zur Despotie im Namen Gottes, zum Gewaltverbrechen um der Gerechtigkeit willen.

Das konstantinische Jahrtausend endet heute im politischen Schwärmertum unseres Jahrhunderts. Was die Wiedertäufer »im Namen Gottes« in Münster und die Bauern in Süddeutschland 1524 taten, war ein Verbrechen. Aber auch das war ein Verbrechen: die Revolution »im Namen Gottes« niederzuschlagen. Nicht, daß es geschah, war ein Verbrechen. Daß es »im Namen Gottes« geschah, das war es. Im Anblick dieses Gottes wird Atheismus zur Befreiung.

Ein Weltalter geht zu Ende. Indem der Glaube sich von der Religion löst, löst er sich im gleichen Akt auch von der Politik. Darin ist Vorsehung! Aus dem dürren Baum der Säkularität strömen die Säfte heute zur Wurzel zurück.

Jedes »Heilige Recht«, jeder »Heilige Krieg«, jeder »Kreuzzug« ist heute endgültig diskreditiert. Noch einmal haben die Amerikaner in den Kriegen dieses Jahrhunderts, unter dem Beharrungsvermögen tausendjähriger Vollzüge, dieser großen Idee Tribut gezollt. Alle ihre Kriege waren Kreuzzüge der »Guten« gegen die »Bösen«. Es ist ein Verhängnis, daß ihnen die Gegner heute mit der gleichen Münze zurückzahlen.

Nicht Christus legitimiert den Griff nach der Gewalt, das Gute zu verwirklichen. Den Griff nach der Gewalt legitimiert die Not, in der er, der Mensch, in der Geschichte sich vorfindet. Das genügt. Ob auch zur Behebung der Not, das steht auf einem anderen Blatt. Hier in der Not ist er gehalten, alle Möglichkeiten auszuschöpfen, die seine Not wenden können. Hier muß er den Dingen trauen, der verborgenen Ordnung in ihnen, die, wenn auch nicht das Heil, so doch die Chance des aufgehaltenen Unheils für ihn bereit hält. Hier wage er sich. Er ist dazu geschaffen. Er hat Gaben empfangen.

Ein ganzes Bündel von Gaben ist es. Da ist Vernunft, da ist Willen. Ihm ist gegeben, zu planen und auszuführen. Er hat den Spürsinn der Empfindung, mit dem er das Unwägbare, die zwischen den Dingen liegenden Wetterzonen, wittern kann. Er hat die Kraft der Vorstellung, die Folgen seines Tuns in einer Art exakter Phantasie vorauszusehen. Er hat sich Instrumente erfunden, die seinem Wort etwas von irdischer Allgegenwart geben. Er wuchere mit seinem Pfund. Darauf vertraue er, auf seine Geschöpflichkeit, nicht aber auf die »Geschichte«, von der keiner weiß, was sie im Grunde ist; die unverfügbare Energien in unbekannten Gründen gespeichert hält, physische und spirituelle und solche, die beides zugleich sind.

Das Risiko ist unkalkulierbar in diesem Raum, der nach allen Seiten hin offen ist. Aber eben dies Wagnis gehört zu unserer geschichtlichen Existenz. Hier ist der Mensch gewagt, damit sich zeige, was er mit dem Kapital erwuchere, das in ihm angelegt ist von Schöpfungs wegen. Sein Werk aber tut er auf dem Acker, der mit Abels Blut millionenfach getränkt ist. Da hilft ihm keiner weg, auch Christus nicht, an dem er selbst zum Kain wurde. Das

Opfer unserer Gewalt legitimiert unsere Gewalt nicht. Laßt uns hersehen auf diesen Acker, auf dem der Pflug durch blutigen Schlamm getrieben wird! Dies ist unsere Wirklichkeit, in der Gerechtigkeit durch Gewalt verwirklicht wird, gleichgültig, ob »von oben« oder »von unten«.

Hände weg von Christus! Keine Christuslegitimation unserer so zwiegesichtigen »guten Werke«! Christus gehört dem Ganzen, nicht nur der sogenannten »Welt«. Er gehört dem, was vor der Geschichte war und was nach ihr sein wird. Nur als der große Passionist rührt er an dieses Ganze, von diesem Zentrum her, das seine Ohnmacht ist. Nur so gehört er allen, den Geschändeten *und* den Schändern.

Ist Christus nicht für alle gestorben? Für SS-Leute und Bolschewiken? Für Israelis und Araber? Für Farbige und Weiße? Hier ist jede Selbstgerechtigkeit gerichtet. Der, welcher alle richtet, war derselbe, der auch an aller Stelle den Todesspruch auf sich genommen hat.

Ich war damals der Überzeugung und bin es heute mehr denn je, daß die christliche Gemeinde so in der Welt zu stehen habe, daß an ihrem Altar beide, Nationalsozialisten und Kommunisten, das Sakrament müßten empfangen können. Und in meiner Gemeinde gab es damals beide.

Hier wird es hochpolitisch. Hier ist der Christ der Engagierte. Hier verteidigt er die innerste Bastion der Freiheit, die Gottes Freiheit zu lieben ist. Hier hört der Beifall auf, und das Ärgernis beginnt. Es ist die schlimmste Verharmlosung, die sich denken läßt, das Evangelium zur politischen Revolution zu verniedlichen. Sein Revolutionäres geht auf ein totum novum. Sein »Feuer« und sein »Schwert« sind in den Katastrophen der Geschichte schon am Werk. Das Weltgericht hat bereits begonnen. In ihm und durch dieses Gericht allein werden die Wechselfälle in der Geschichte zur Heilsamkeit hin ausgerichtet, die wirklich eine ist.

Das Evangelium war immer hochpolitisch durch seine Sache, nicht durch Programme und Aktionen. Es ist hochpolitisch als Prophetie.

12.

An den Grenzen des Gesprächs

38. Brief (1946)

Ich bin noch einigermaßen erschüttert von einem Besuch, den ich gestern abend hatte.

Es war ein junger Mensch, mir von befreundeter Seite empfohlen.

Er war aus der Kirche ausgetreten. Nicht wegen der hier herrschenden Menschlichkeiten, die er sehr gut kannte. »Was auf der Kanzel geredet wird«, so lautete seine Anklage, »das geht mich nichts an. Hier redet man von Dingen, die keine Realitäten sind. Die Kirche versteht unsere Sprache nicht mehr, und wir nicht die ihre.«

In der Tat – es sind hier zwei Sprachen. Wenn ich mit den Fidschi-Insulanern sprechen will, dann kann ich ihre Sprache lernen. Aber *diese* Sprache kann ich nicht lernen. Ich muß schon in beiden »Ländern« geboren und von Geburt »zweisprachig« sein, um in beiden leben zu können. Aber selbst das genügt noch nicht. Es gibt Denkkategorien in der christlichen Vorstellungswelt, die in der des Menschen von heute gar nicht vorkommen; die sich auf Realitäten beziehen, die von ihm nicht gekannt werden. Deshalb lagert über dieser Kluft ständig ein Wetter, aus dem beim »falschen Wort« Befremdung, Entrüstung, Beleidigung hervorbrechen. Ich habe diese Erfahrung in ungezählten Unterredungen gemacht. Der Sinn für Realitäten ist beim modernen Menschen besonders fein ausgebildet. Und in diesem Instinkt fühlt er sich dann beleidigt.

Prüfen Sie daraufhin noch einmal unseren eigenen Kampf, den wir miteinander ausfechten. Ist es nicht ein unausgesetztes gegenseitiges Wehren, vom anderen nicht in eine Illusion hineingezogen zu werden? Ist es nicht der Kampf um das Wirkliche? Der ganze religiöse »Slang« ist mit der Penetranz des Unwirklichen getränkt. Der Gebrauch eines Bibelspruches oder auch nur daran anklingender Wendungen, geschweige gar »Kanzelton«, vermögen den vielleicht eben mühsam gewonnenen Kontakt zu zerreißen. Ich empfinde dann jedesmal eine Art Reue, so eine Einflechtung gemacht zu haben. Denn das Gespräch, das um wirkliche Dinge geht, pflegt dann plötzlich ins Leere zu fallen. Es ist so, als brächten jene Ausdrücke den Schein des Nichtwirklichen über die Sache, die eben noch so lebendig war; als werde hier mit frommen Phrasen operiert, deren Schalheit – bereits bis zum Überdruß gesteigert – den Geschmack des Unerträglichen annimmt, wenn ihre Hohlheit noch mit einem besonderen Anspruch aufgefüllt wird.

In unserem Gespräch begriff ich jedoch noch ein anderes. Es war da in dem Menschen eine beinahe krankhafte Scheu vor der Bindung. Vor dem leisesten Versuch, auf seiner tabula rasa auch nur das kleinste Steinchen wieder zu einem »Altar« zu setzen, wich er zurück. Jede Lösung einer Not geht ja nur durch neue Bindung. Wie einbetoniert in seine »persönliche Überzeugung« saß er vor mir. Sie war sein Dogma, seine Gottheit. Aber auch da blieb unklar, worin sie bestand. Wohl darin, sich Gott nach »seines Herzens

Gesicht« zu erdichten. Es war wie eine Wunde. Ein Affekt der Angst war da. Ich glaube, es war der Affekt der Angst vor jenem Wagnis, ohne das es nach einer unbegreiflichen, zugleich aber unverbrüchlichen Ordnung keinen Glauben an den lebendigen Gott geben kann.

Es war da nicht nur eine Unfähigkeit zur Hingabe, es war da ein Widerwille am Werke. Hinter diesem Widerwillen aber – nun kommt es – stand zerstörtes Vertrauen. Als ob da bei uns oder bei unseren Vorfahren an irgendeinem Punkt eine so radikale Erschütterung stattgefunden habe, daß alle Zugänge verschüttet wurden. In der Kirche kommt das Wort Gottes von den Vätern her an die Söhne. Aber der Sohn vertraut dem Vater nicht mehr. Und nur das Vertrauen nimmt das Unverstehbar-Unverstandene zunächst einmal auf. Ohne Vertrauen aber, und zwar ein großes, wagt er den Sprung nicht. Jeder Fallschirmspringer vertraut sein Leben einer Apparatur an. Der Sohn aber traut nicht mehr dem Vater! Kein Glaube aber ohne den freien Gehorsam des Trauenden.

Die Kirche muß wieder um das Vertrauen der Menschen kämpfen. Aber das kostet viel. Und so kocht ein jeder in seinem eigenen Saft, die Kirche und die Welt, eine jede in dem ihren.

Wir sprachen bis tief in die Nacht. Was mich bei dieser Unterredung besonders traf, war die Erfahrung meiner Hilflosigkeit. Ich war nicht imstande, ihn aus seiner Verzauberung zu wecken. In unseren letzten Briefen bemühten wir uns um die neue Gestalt des Christen. Mir scheint, davon müsse der Christ etwas haben: von dieser Kraft der Entzauberung. Mir scheint, er müsse etwas von der Natur der

Engel haben, das heißt: Er müsse fliegen können, sich über die Kluft hinwegsetzen können, die zwischen ihnen beiden liegt und die Ferne in die Nähe hilfreicher Brüderlichkeit verwandeln.   [1946]

[1968] Wie soll das zugehen, diese Kraft der Entzauberung zu haben? Sie war nicht zwischen uns. Diese Vergeblichkeit spürten wir beide damals wohl. Wir sprachen es nicht aus. Und das war die Verlegenheit, in der wir nicht weiterwußten und in der dann der Affekt die Führung an sich riß. So schieden wir in Unbehagen traurig voneinander. Wir verstanden einander nicht.

Das ist es, was wir heute im Großen erfahren. Nur allzuschnell verwandelt sich Argument in Scheltwort unter uns. Wir sind an die Grenze des Gesprächs gekommen.

Im Menschen ist mehr, als »Verstehen« meint. Meeresgrund ist in ihm, in den kein Echolot hinabreicht. Es scheint, als wisse man heute in der Biologie, in der Soziologie, in der Medizin mehr davon als in der Theologie. Die Bibel wußte immer davon. Aber dies war ja das Ärgernis. Ungefüge, dunkel und schwer schien dieses Element eine Erfindung von Obskuranten. Aber es war da. Je mehr wir seinem Dasein abschworen, desto mächtiger war es da.

Einander mißtrauen, das ist weit gefährlicher als einander nicht verstehen. Das Mißtrauen kommt tiefer herauf. Man braucht einander nicht zu verstehen und kann einander doch vertrauen. Umgekehrt aber nicht. Mißtrauen schließt Verstehen – im ersten Schritt schon – aus. Ohne Vertrauen ermatten wir schon im ersten Anlauf, einander zu verstehen.

»Sein (des modernen Menschen) Problem ist der Selbstmord« (H. Zahrnt). Und dann dies andere: »... noch nie in der Geschichte war die Möglichkeit der Realisierung [des Menschheitstraumes vom Garten Eden] so groß« (R. Dutschke).

Jenes Problem und dieser Traum liegen dicht beieinander in der einen Welt des Menschen. Dazwischen läuft das ab, was wir Geschichte nennen in Glückserwartung und Leiderfahrung aller miteinander. Warum eigentlich waren fort und fort alle Versuche des Menschen, das Paradies auf Erden zu errichten, Vorspiele der Hölle? Woher dieses vulkanische Grollen, das den Lauf der Geschichte von Jahrhundert zu Jahrhundert stärker und stärker anschwellend begleitet? Warum? Da stimmt doch etwas nicht. Ich meine in der Natur, in der Verfassung des Menschen. Nie waren die Wunschbilder, die unseren Süchten und Ängsten voranschwebten – und dann unseren Kriegen und Revolutionen – von solcher Kraft der Verzauberung für die Nationen, die Klassen, die Rassen. Das hängt doch zusammen!

Es hat nie eine so schreckliche Zeit gegeben wie die unsere. Und es hat nie eine so schöne Zeit gegeben wie die unsere. Nie war eine Zeit dem Garten Eden so zum Greifen nahe wie die unsere und dies aus eigener Kraft. Es wäre ungerecht, das nicht zu erkennen, in dessen Genuß wir mitten inne stehen. Und nie waren wir der Hölle so zum Greifen nahe wie in unserer Zeit.

Aber da sind wir wieder beim Auslassen. Unsere Natur scheint zu schwach, um diesen Gegensatz zu ertragen, und unser Geist untüchtig, die Konsequenzen zu ziehen, die sich aus den Realitäten ergeben. Da hilft kein Anruf der Liebe, kein Appell an die Vernunft. Die Welt hallt wider von solchen Rufen, um so lauter, je hilfloser wir den Emotionen preisgegeben sind.

Im Übermenschlich-Unmöglichen der Prophetie wird diesen Realitäten das bei Gott Mögliche angesagt.

Da ist der ›Geist‹. Da wird es sehr nüchtern. Da gibt es Reduktionen nach unten hin auf die Erde. Die »Ausgießung« geht von oben nach unten auf das »Fleisch«. Da wird es so realistisch, daß einem die Haare zu Berge stehen, wie man da so entzaubert dasteht mit seiner angemaßten »Verantwortung für die Welt«. Zugleich aber taucht die Möglichkeit von Vertrauen auf, mitten in dem oszillierenden Spektrum zwischen Selbstmord und Paradies. Vertrauen ist jetzt nicht mehr etwas Subjektives. Im anderen Menschen ist uns etwas vorgegeben, das uns vertrauen läßt – sozusagen ins Leere hinein. In diesem Vorgegebenen sind wir schon verbunden, ohne daß wir es wissen. Es ermöglicht uns, einander zu ertragen, weil wir vom Vorgegebenen schon getragen sind, bevor wir darum wissen. Da trägt uns etwas, schiebt uns etwas die Hand unter, wie wir da so von der Schwerkraft in den Grund gezogen werden. Es ist nicht etwas Statisches. Es ist ein durch und durch Dynamisches. Es folgt Gesetzen, die denen der Tiefe entgegengesetzt wirken. Es ist das, was die Bibel den »Geist Gottes« nennt.

Vertrauen ist not, nicht Verstehen. Ohne Vertrauen keine Gemeinschaft. Die frühen Christen wußten, warum sie den »Geist« als den Schöpfer der Gottesgemeinde bekannten. Was heißt »Gemeinschaft der Heiligen«, wenn nicht Gemeinschaft derer, die – noch und trotzdem – Vertrauen zueinander haben! Wunders genug, um den Vertrauenden den Namen der »Heiligen« zu geben. Die Vertrauensschöpfung in dieser Welt der anarchischen Ideologien ist ein Schöpfungsakt, in dem ganz unten, ganz innen, dort, wo es anfängt, wo die kleinen Schritte der Taubenfüße lautlos die Erde berühren, die »Neue Schöpfung« anhebt.

Über Millionen kleine Schritte geht es. Das ist der Sinn der biblischen Rede vom »Nächsten«. Das ist der schockierend hanebüchene Realitätssinn der Bibel, der »Nächster« sagt und den kleinen Schritt zu ihm fordert. Nur so gibt es »Verantwortung für die Welt«, in solchen kleinen Schritten von Millionen unbekannter Christen. Die Millionen Nächsten, die einander erkennen, sind die Millionen Knoten, die das Gottesgewebe des Vertrauens um den Erdball zusammenknüpfen. In Millionen Augenblicken wird es unaufhörlich Tag und Nacht geknüpft. Nur über diesen konkreten Weg, unter Ausschluß aller abstrakten Mittel, finden wir den Nächsten, wird das Gebot erfüllt. Im schweigenden Ringen, Brust an Brust, Schritt um Schritt, immer in Tuchfühlung, im ständigen Erfahren des Ungenügens, des Ihm-nicht-voll-Gerechtwerdens; im Erleiden des Nächsten als jenes Fernsten, den ich nie genug geliebt habe, bei dem ich in die Kreide gerate, um so tiefer, je näher er mir steht, je mehr er mein Allernächster ist; diese Kontrolle in der konkreten Situation zu erfahren, jenseits oder diesseits der großen Parolen, Programme, Bewegungen, politischen Ethiken, dies ist pneumagewirktes Vertrauen. Dabei sich nicht hinausmanövrieren lassen in »Bewußtseinserweiterungen«, in die täuschende Verbindlichkeit der unverbindlichen Abstraktionen! Dieses Am-Nächsten-Kleben, in millionenfacher Ansteckung wie durch Kontaktinfektion, immer am Nächsten entlang, dieses unsichtbare Kontaktgeflecht um den ganzen Globus herum, darin ist »Gemeinschaft der Heiligen« am Werke.

Es kann sein, daß auf diesem Wege zu Zeiten die ganze Christenheit in die Schweigewüste geschickt wird, um sich von den Konzilen, Weltkongressen, Ökumenismen zu erholen. Es kann sein, daß ganze Reihen von Generationen zu geistlichem Schweigen bestimmt sind und das ohne Laut, ohne Lohn, ohne daß die Linke weiß, was die Rechte tut. Warum? Damit im Handgreiflichen der Wohltat (Lk 10) wir dem zum Nächsten werden, der »unter die Mörder« gefallen ist. Dabei kann zur gleichen Zeit geschehen, daß die Atheisten und Nihilisten Vollmacht erhalten, alles ans Licht zu bringen, was wiederum ganze Reihen von Generationen in sich gestaut haben an Zweifel und Zorn, während die Christen redeten. Es kann der Geist sich leisten, auch im Nein der Atheisten zu reden, vielleicht sogar zu seiner Christenheit. So souverän ist er. So sehr weht er, wo er will. Wir sind gut geführt. Er wird mit uns allen fertig werden.

39. Brief (1946)

Sie wissen, daß ich mich keinerlei Illusionen über die Lage unserer Kirche hingebe.

Glauben Sie aber nicht, daß es an Geistlichen unter uns fehle, die sich an diesem Punkt nicht in ein unerbittliches Selbstgericht gestellt haben.

Die Isolierung der Kirche in der heutigen Welt ist für mich kein »Zeichen des wahren Glaubens«, sondern Schuld. Es fehlt uns an der Liebe. Das charismatische Leben ist in uns versiegt. Es ist nur noch die theologische Reflexion darüber vorhanden. Da ist sterbende Christenheit, wo nur noch Erforschung des Vergangenen, wo nur noch »Theologie« restet. Es rauscht da noch das Mühlwerk, aber es läuft kein Korn mehr durch die Schächte. Der nackte Stein schleift sich auf sich selber zu Staub.

Das Gottesbrot, das vergangenen Geschlechtern gereicht wurde, reflektiert die Theologie in ihrem Spiegel in unsere Gegenwart hinein. Unser historisches Denken versteht diese Bildwerfung so meisterlich, daß man geradezu den Duft des Brotes schon zu schmecken meint. Greift man aber danach, so packt man in dem Spiegel, den die theologische Wissenschaft uns aufgestellt hat, nach seiner eigenen Hand.

Unser Protestantismus erlebt vor diesem Brote sein Sterben. Er beraubt sich seiner alten Sendung, die im 16. Jahrhundert, merken Sie wohl, *anfing,* nicht aber schon vollendet war. Er hat diesen Anbruch für das Ende genommen. Er hat die Teilwahrheit, mit der er damals in einer anderen, bestimmten, geschichtlichen Lage durchbrach, mit dem Evangelium gleichgesetzt. Der Spalt, der sich damals – wie natürlich – der reformatorischen Lehre von der

»Rechtfertigung allein aus dem Glauben« zu ihrem Durchbruch darbot, liegt nicht mehr an dem gefährdeten Punkt des großen Deichbruchs, der heute nicht nur ein einzelnes Geschlecht, sondern die Völkerwelt mit dem Untergang bedroht.

Unsere Kirche sieht in ihrer Befangenheit durch die reformatorische Teilwahrheit ihres vergangenen Anfangs nicht die Frage *unserer* Zeit. Gerade was Luthers Kraft war und worin sich seine Berufung bewies, die Frage *seiner* Zeit bis in die letzte Tiefe ihrer Not durchkostet und als religiöse begriffen zu haben, gerade darin versagen wir. Wir hängen an dem Buchstaben der Antwort von einst.

In der Tat – es vollzieht sich vor dem Notschrei unseres Geschlechts das Gericht über die historischen Kirchen. Werden sie die Not der Zeit als ihre eigene erkennen und sie, Luther gleich, bis in ihre letzte, nämlich existentielle Tiefe hinab mit den Menschen ihrer Zeit durchkämpfen?

Hatte das Geschlecht des 16. Jahrhunderts seine Frage zum Ursprung hingetragen und dort Antwort empfangen, so wollen auch wir mit *unserer* Frage nichts anderes! Denn nur in dieser Frage lebt unsere Not. Und nur auf diese Frage kann unsere Not die Antwort empfangen. Gott liefert uns in der Not unseres Geschlechts das Treffen, in dem er uns stellen und antworten will. Uns, heute, in dieser Geschichtsstunde. Sie wissen ja, es ist jene Frage der Schützengräben, der geheimen Polizeikeller, der allgemeinen Daseinserschütterung, des ganzen weltumfassenden Umbruchs unseres Zeitalters. *Wir fragen heute nicht mehr nach dem gnädigen Gott. Wir fragen viel radikaler, viel elementarer. Wir fragen nach Gott schlechthin.* »Wo bist du, Gott? Wo bist du *offenbar*?«

Natürlich: auch Luther fragte schon nach Gott. Die Gottesfrage aber brach bei ihm erst auf als schüchterner Anfang, noch eingebettet in ererbte Glaubensreste. Bei uns aber bricht sie wieder nackt und total auf. Unsere Zeit steht damit nicht auf einer Ebene mit der Reformationszeit. Sie steht damit auf der Ebene der vorchristlichen Menschheit zur Zeit der Erscheinung Christi. Das war auch die Frage jener Geschlechter im Zusammenbruch ihrer Götterwelten. Nur daß bei uns diese Frage aufbricht ohne das Erbe der Ehrfurcht, die der echte Heide noch hatte und die ihn in den Stand der Bereitschaft versetzte. Diese Ehrfurcht steht nicht mehr hinter uns. Vielmehr die bislang in der Weltgeschichte nicht bekannte Vermessenheit einer Furchtlosigkeit, die unheimlich ist. Sie ist es, die dieser Frage jenen Akzent letzter, höchster Gefahr gibt, in deren Anblick jede andere Frage verstummt. Sie ist der letzte Aufschrei der sterbenden Seele, nach dem kein Laut mehr folgt. Sie ist die letzte Frage, die der Mensch stellen kann. Die ihn mit einem letzten Hauch noch Mensch sein läßt und nach deren Verstummen er, der Mensch, für immer erloschen ist. Es ist die Frage, in der schlechthin alles auf dem Spiel steht und die deshalb eine echte Frage ist, weil sie der Mensch sich nicht selbst beantworten kann. Er selbst nicht, kein Engel und kein Genius. [1946]

[1968] Fragen wir das immer noch: »Wo bist du, Gott? Wo bist du offenbar?« Nein! Der Mensch dieser Zeit ist längst über diese Frage hinweg zur Tagesordnung seines Do-it-yourself-Programms übergegangen. Kein Zweifel, an diesem Punkt ist unsere Verlegenheit über die Luthers hinausgewachsen. Wie in allem spitzt sich auch hier die Lage auf ein Letztes hin zu, hinter dem dann nichts mehr kommt: erst muß ich wissen, ob überhaupt ein Gott sei, bevor ich nach seinem Gnädigsein fragen kann. Für Luther war vor dem gnädigen der zornige dagewesen. An ihm erst entbrannte die Not seiner Frage nach dem gnädigen. Sollte es etwa so sein, daß unsere Erfahrung des zornigen so durchdringend geworden ist, daß wir sagen: »Unmöglich! So etwas gibt es nicht. Und wenn es dies Ungeheuer gibt, dann schlagt es tot?« Ich unterstelle, daß wir damit noch immer im christlichen Raum sind.

Das Besondere dieser Situation ist, daß es heute nicht nur das aufgeklärte Bewußtsein, sondern die Christenheit selbst ist, in der die Frage nach Gott aufgebrochen ist. Sie muß sich ihr stellen. Sie muß diese Frage in Zweifel und Verzweiflung für alle auf sich nehmen. Das ist die große Hoffnung der Christenheit, so bis über den Scheitel in die Realität der Welt eingetaucht zu sein, daß sie dort an ihrer Misere teilhat, wo sie am undurchdringlichsten ist. Dort muß sie hinstehen, die Ohnmacht der Kreatur nicht nur auf sich nehmen, sie vielmehr als ihre eigene austragen. So kommt sie unversehens in die Lage der Gleichzeitigkeit mit ihrem Herrn, der dieselbe Frage des von Gott Verlassenen ohne Antwort durchzustehen hatte. Es ist die alte Frage des Psalmisten, nun aber in jener letzten Zuspitzung, in der nicht mehr der Einzelne, sondern das ganze Menschengeschlecht in ihre Flamme hinausgehalten ist.

Kein Wunder, daß so etwas nicht »jedermanns Sache« ist. Die Christenheit muß sich neu begreifen lernen als *die* Minorität in der Mehrheitswelt, der aufgelegt ist, das Ausgelassene zu bewahren, des Vergessenen sich zu erinnern, des Verachteten sich anzunehmen, und zwar in jeder Dimension, auch der des Gedankens, der Empfindung, der Einbildungskraft. Sie hat dort stehenzubleiben und auszuharren, auch dort, wo keiner mehr stehen will, und die Bereiche des Schmerzes zu hüten, die unsere Glückserwartung zur Realität hinführen.

40. Brief (1946)

Ist es Ihnen nicht auch schon aufgefallen, was heute Unerhörtes vor den Toren der Kirche vor sich geht? Es sammeln sich nämlich dort Menschen, Tausende, Zehntausende. Was wollen sie? Es sind da zwei Kreise, da draußen vor den Toren der Kirche. Ein äußerer und ein innerer. Der *äußere* Kreis muß groß sein. Es gehören zu ihm jene Menschen, die, obwohl mit ihren Füßen schon nicht mehr auf christlichem Boden, dennoch mit dunklem Drang, gleichsam mit dem verborgenen Kind in ihnen, dem Christentum noch zugewandt verharren.

Es ist ja heute selten genug, daß man als Pfarrer mit dieser Menschenschicht zusammenkommt. Will es einmal der Zufall, daß man als Pfarrer unter sie gerät, so macht man beinahe jedesmal die gleiche Erfahrung: daß man hier sehr leicht als zoologische Merkwürdigkeit wirkt. Es ist leider schon so: als Pfarrer bin ich ihnen eher ein Hindernis auf dem Wege zu Christus. Nichts Schwierigeres als, mit dem Geruch des Amtes behaftet, das Vertrauen dieser Menschen zu gewinnen. Wie oft habe ich schon um dieser willen gewünscht, nicht Pfarrer, sondern Laie zu sein. Blitzartig geht einem über solcher Begegnung auf: zu welcher Karikatur alles, was von der Kirche her kommt, schon geworden sein muß im Bewußtsein der Zeitgenossen, die es kaum fassen können, wenn sich im Pfarrer derselbe Mensch von Fleisch und Blut zeigt, wie sie es auch sind.

Der zweite und *innere* Kreis ist kleiner, aber heute schon deutlich sichtbar. Es begegnen mir nämlich immer mehr Menschen, die nicht mehr nur Suchende, sondern die wirklich Christen sind. Das aber draußen vor der Kirche, ohne ihre Hilfe in Anspruch zu nehmen! Mir scheint diese Tatsache zu den erstaunlichsten Dingen zu gehören, die wir heute erleben. Eine Christenheit nicht durch die Kirche, sondern trotz der Kirche. Eine Christenheit draußen vor den Toren der Kirchen. Es bleibt gar kein anderer Schluß übrig, als daß diese Christenmenschen aus anderen Quellen leben müssen.

Denken Sie nur an die vielen Zehntausende gläubiger Christen, die in den Massenheeren der großen Kriege in aushungernder Vereinsamung – wahrlich »abseits an einem wüsten Ort« – gelebt haben. Und das nicht im ständigen Gottesdienst von Gebet und Versenkung wie die Alten. Nein, von der Sturmflut des modernen Materialkrieges dahingerissen, von Todesgefahr und übermenschlicher Arbeit, von Versuchungen und Leiden schier erdrückt. Ich selbst gehörte auch zu diesen. Es will mir in meinem armen Verstand heute erscheinen, als hätte ich in der Einsamkeit dieser Jahre von Gott mehr empfangen als in all den guten Zeiten im Schoß der christlichen Gemeinde. [1946]

41. Brief (1937)

Gestern kam ich aus Berlin zurück. Ich konnte es diesmal ermöglichen, etwas länger dort zu verweilen. So hatte ich in dieser Zeit Gelegenheit, mit einer Anzahl famoser Menschen zu sprechen.

Ich hatte Menschen gefunden, und das zum erstenmal in solcher Übereinstimmung, die – ohne voneinander zu wissen – Christen waren, aber jenseits der Kirche! Kein Zweifel – es gibt heute den christlichen Alleingänger, den kirchenlosen Christen. Sowenig sie für die Kirche interessiert sind, so sehr sind sie es für den christlichen Glauben. Ich fand unter diesen Menschen solche, die ohne äußeren Anlaß aus einer Art von Ergriffenheit heraus sich für das Christentum einsetzten. Es waren Männer darunter, die es taten auf eigene Faust, wie ihnen gerade ihr Beruf dazu Gelegenheit bot. Zu einer Predigt jedoch zu gehen, wären sie nicht zu bewegen gewesen. Es ist ein durch und durch laienförmiges Christsein, das, in seiner Umrandung natürlich vielfach verschwommen, in seinem Kern aber an Christus entzündet ist. Und zwar bemerkenswerterweise nicht mehr am liberalen Jesusbilde, das uns Heutigen als ein Kompromiß mit dem modernen Intellekt erscheint. Es ist vielmehr ein Christus, an den man wirklich *glauben* muß, der das Herz und darüber hinaus den ganzen Menschen berührt.

Diese aufkeimenden Dinge zu schildern ist schwer. Man kann sie deshalb aber nicht leugnen. Es gibt heute eine außerkirchliche Christgläubigkeit, deren Kraft groß sein muß, weil sie sich freischwebend in der Luft nicht nur ohne Kirche, sondern oft auch wider die Kirche, dem Ansturm der antichristlichen Zeitwelle preisgegeben, zu halten vermag. Natürlich geben sich alle diese Alleingänger darüber kaum Rechenschaft, wieviel sie der Kirche, die dennoch im Hintergrunde steht, verdanken, obwohl sie als Christen »draußen vor den Toren« leben.

Wenn ich mich zurückerinnere an die Zeit vor dem Krieg, so muß ich sagen, es ist hier ein bemerkenswerter Aufbruch geschehen, ein Aufbruch einer »Christenheit vor den Toren« der Kirche, der nur deshalb so unbemerkt geblieben ist, weil er sich in den ungreifbaren Formen einer von keinem Menschen gemachten Bewegung abspielt. Ich möchte sagen, der Grundwasserspiegel der Christgläubigkeit ist in den letzten Jahrzehnten merklich im Steigen.

Nun, ich vermute bei Ihnen für den hier geschilderten Zustand besonderes Verständnis. Denn gerade Sie sind ja einer von denen, die, obzwar getauft und der Kirche als Glied noch zugehörig, ganz ausgezeichnet ohne Predigt und ohne Sakrament zu leben scheinen! [1937]

13. Die erstarrten Zungen lösen

42. Brief (1946)

Was lehrt uns das alles? Daß die wahre Kirche mehr ist als die äußere Gestalt der historischen Kirchen zeigt.

Sie führen da ein verblüffendes Beispiel außerhalb unseres Landes an, indem Sie mich fragen, ob die Kirche in Rußland sich während der Verfolgungszeit nicht auch nur als »verborgene Kirche« hatte am Leben halten können. Wir haben hier in der Tat das Beispiel einer Kirche, deren Wurzeln nicht nur gestutzt, sondern die als Ganzes unter hermetischen Verschluß gesetzt, aus Mangel an Licht, Luft und Raum nach aller Berechnung dem allmählichen Erstickungstode hätte ausgeliefert sein müssen, auch ohne die blutige Verfolgung der Einzelnen, die noch dazukam. Die Kirche müßte hier eigentlich in den Wurzeln verdorrt sein, hätte sie sich in ihrem Organisiertsein erschöpft. Aber eben dieses Rußland beweist uns das Gegenteil. Als Organisation ein Stumpf und ein Trümmerhaufen, lebte damals in Rußland die »Kirche des Geistes«.

Mit der Kirche ist es so, daß die Erde, die von ihr berührt ist – und die russische ist es gewiß –, eine besondere Strahlkraft empfing. Wollte man sie ausrotten, so müßte man die von ihr gesegnete Erde mit wegtragen, das heißt, man müßte sich den Grund,

der einen selber trägt, unter den Füßen wegschau-
feln. Es war mit der Kirche je und je so, daß da, wo
man sie bis auf die Grundmauern zerstörte, ihr Staub
von den Winden in alle Himmelsrichtungen hinaus-
getragen wurde zu neuer Mischung mit der Erde: als
Keimstaub, als Lichtsamen. In dem Brief eines jungen
Russen aus jener Zeit heißt es: »… Aber wenn Ihr im
Ausland die Möglichkeit habt, Bücher und Zeitschrif-
ten erscheinen zu lassen, Konferenzen, Versammlun-
gen, Meetings zu veranstalten, so haben wir nur das
eine – das ›Wort‹ (Logos). Doch es wiegt mehr als alle
Euere Bücher, denn es ist fertig. Die Lampada, die
ewige Lampe, brennt bei uns in Rußland, und sorg-
fältig tragen wir sie und übergeben wir sie, einer dem
anderen. Ganz Rußland ist von Katakomben, von
Klöstern in Wäldern durchsetzt … Bei uns bildet sich
eine neue, eine Katakombenkultur. Oh, was für Menschen! Was für herrliche, wunderbare, opferfrohe
Menschen!«

Diese unterirdische Kirche in Rußland wurde vor
allem von der Jugend und den Männern getragen. Es
kam mir damals der Bericht[1] eines aus Rußland
Geflüchteten in die Hände. Er selbst offenbar Glied
jener »verborgenen Kirche«, teilte darin eine Fülle
exakter Einzelheiten mit über die neuen Formen reli-
giöser Gemeinschaft, die sich sowohl innerhalb der
alten Gemeindekerne wie darüber hinaus in deren
Umkreis gebildet hatten. Die Kerne, in denen die verborgene Kirche damals ihre Kristallisationspunkte
fand, stellten sich als Bruderschaften, Orden, »geist-

---

[1] Michail Artemjew, »Neue Gesellschaftsformen im heutigen Rußland«. Orient und Occident. Blätter für Theologie und
Soziologie. Heft 6, S. 26 ff. (1931). Ders., »Unterirdische Literatur
im heutigen Rußland«, ebenda, Heft 7, S. 10 ff. (1931).

liche Familien« eines »geistlichen Vaters« dar. Ohne äußere Organisation, Satzungen und Mitgliederverzeichnisse waren sie unsichtbare Gliedschaften von Person zu Person, oft nur zwei bis drei an der Zahl, vereint um ein Symbolwort, ein Zeichen, ein Bild oder eine Initiale. Verstehen Sie wohl, nicht das ist es, worauf es ankommt, die Verborgenheit dieser Kirche. Das ist lediglich eine Begleiterscheinung, wie sie jede Unterdrückung hervorzubringen pflegt. Das, worauf es hier ankommt, ist die Tatsache, daß die wahre Kirche nicht an ihre Organisationsformen gebunden ist. Das, worauf es hier ankommt, ist also ihr besonderes Geheimnis, daß sie auch als nichtorganisierte Kirche noch da ist. Rußland bot uns lediglich das Experiment dar, an dem wir dieses Schwebevermögen der Kirche, ihre Lebensfähigkeit im luftleeren Raum, bewiesen sahen.

Für die Entstehung eines Christentums außerhalb der organisierten Kirche haben wir übrigens eine Parallelerscheinung gerade auch in den Ländern, die man noch als »christlich« bezeichnen kann, wie etwa England oder Schweden. Auch hier bildet sich draußen »vor den Toren« eine »Kirche des Geistes«, die in ihrem Suchen über alle kirchlichen Grenzen hinwegflutet, manchmal aber auch in ihrem Widerspruch gegen die ihr unverständliche Formen- und Sprachenwelt des historischen Christentums eine ketzerhafte Haltung einnimmt. Selbst der Entscheidungsernst unserer Zeit läßt sie nicht mehr den Zugang finden zu einem Christentum, dessen Ausdruckswelt ihr fremd geworden ist.

Welch eine Aufgabe wartet hier auf die Kirchen! Mir scheint, es könne die erstarrte Zunge der Mutter Kirche nur noch der Schöpfergeist selbst lösen, wie er es einst zu Pfingsten tat, als Fremdlinge aus allen Ländern der Welt im heimatlichen Laut ihrer Sprache die »großen Taten Gottes« hörten. Was täte uns mehr not heute als ein solches Zungenwunder an der alten Christenheit!   [1946]

43. Brief (1946)

Sie fragen, ob nach alledem nicht doch wohl »die Kirche vor den Toren« die kommende sei. Beide, »die Kirche draußen« wie »die Kirche drinnen«, sind nur eine Vorstufe. Weder die eine noch die andere ist die kommende Kirche. Die *Kirche des Geistes,* lassen Sie mich so sagen, wird sich über beide hinweg vollenden. *Beide* leben auch jetzt schon aus ihr, soweit sie überhaupt Leben in sich haben.

Es geht hier seltsam zu! Manchmal, wenn es gar zu bunt kommt, dann muß Gott – mit Luther zu reden – sein Werk durch das »fremde Werk« draußen vor den Kirchentüren treiben. Bileam bleibt trotzdem ein Prophet, wenn auch der Esel für eine Weile an seine Stelle trat. Die Jünger bleiben trotzdem seine Gesandten, wenn auch die Steine eine Weile für sie schreien. Ich sehe in dieser zerbrechenden und zugleich in Wehen sich windenden Christenheit Gottes Geist am Werk. Ich sehe ihn im Sturme das alte Haus erschüttern.

Und zugleich auch draußen vor den Toren – mit Luthers Worten – »die ganze Christenheit auf Erden sammeln, erleuchten und heiligen«. Ich sehe ihn wahrlich wehen, wo er will. Ich sehe ihn heute seine Kirche gründen, läutern und neuschaffen, drinnen in den alten Mauern und draußen davor. Ich sehe ihn seine Kirche schaffen, die Kirche des Dritten Artikels, aus der alle leben, draußen wie drinnen, die verborgenen wie die offenbaren. Aus der auch ich lebe mit vielen anderen, gleich heimatlos in den zerfallenden Mauern, dennoch geboren und ernährt aus der ewigen Urkirche.

Ich sehe das alles und lerne zum erstenmal in meinem Leben mit neuerschlossenem Auge buchstabieren: »Ich glaube an den Heiligen Geist.« Und zunächst einmal hier innehalten.   [1946]

[1968] »Ich sehe ihn, den Geist«, so schrieb ich damals, »das alte Haus erschüttern«. Ich beschrieb dieses Geschehen zugleich als ein Zerbrechen der historischen Gestalt der Kirche.

Wir denken die Geschichte als Entwicklung. Aber da ist in der Evolution immer auch Devolution am Werke und zwischen diesem Auf und Ab die Revolution des Menschen. In ihr entlädt sich immer von neuem die Spannung dazwischen, die der Mensch offenbar anders nicht aushalten kann als in der »permanenten Revolution«. Nur durch Schöpfung können wir aus diesem Teufelskreis heraus, in dem unser Dasein ein Havarieren zwischen aufbauenden und zerstörenden Mächten ist.

Geschichte ist Schöpfung im Sturm.

Deshalb ist der Christ nicht erstaunt über den Chaoscharakter der Geschichte. Er ist für ihn eine positive Größe. Er ist für ihn das Chaos, das einen Stern gebiert. In die Wehen dieser Geburt hineingenommen ist auch die Geist-Gemeinde. An ihr zuerst beginnt die große Wandlung, zunächst in negativer Form: als schöpferische Auflösung der Institution. Es war *schöpferische Auflösung,* nämlich der Ordnung der Gesellschaft, ihrer Moral und ihrer Religion: daß Christus mit ihren outsidern zusammensaß, den outcasts, den rassisch Unreinen, den Aussätzigen, den Parias, den Dirnen, aber auch den Ausbeutern. Seine Freiheit löste hier die Ordnungswelt auf. Und daß es die Ordnungswelt war, die religiöse und die politische, die ihm das Kreuz errichtet, bestätigt den Akt der Kreuzigung als Akt der Selbstauflösung dieser Ordnungswelt. Ihn kreuzigend setzt sich das Recht ins Unrecht, erzeugt das Gesetz die Sünde. Schon von daher, von dieser Ordnung der die Welt erhaltenden Werte her gesehen, durfte Jesus Christus nicht auferstanden sein. Er mußte nach »Gesetz und Recht« in alle Ewigkeit dem Tode anheimgegeben bleiben. Aber die »Stimme aus der Ewigkeit« hat ihn als den Auferstandenen gerecht gesprochen gegen der Menschen Recht und Gesetz. Diese schlechte »Gerechtigkeit der Schriftgelehrten und Pharisäer« kann nur in einem Weltgericht in der guten »Gerechtigkeit Gottes« aufgehoben werden.

Gericht ist Ausmerzung des großen Minus, ist Ende der Selbstzerstörung in der Schöpfung. Hier ist Unheil in Heil verkehrt. Der Heillose muß selbst durch seine Unheilschöpfung mitschaffen am Heilsamen. Gericht setzt den Raum frei für das Unzerstörbare, bahnt den Weg frei für die Verwirklichung des Unmöglichen, öffnet das Universum für neue Schöpfungsentwürfe. In der Auflösung hebt es an.

Es ist müßig, nach der Gestalt der »Kirche der Zukunft« zu fragen. »Geist-Leiblichkeit« ist nach Friedrich Oetingers Wahrspruch das Ziel aller Werke Gottes.

Es ist müßig, ebenso nach dem »Wie« wie nach dem »Wann« zu fragen. Wir stehen vermutlich mitten darin. »Und ist schon jetzt«, heißt es im Evangelium nach Johannes. Auf dem »Daß«, auf dieser spröden Sachlichkeit des Evangeliums, steht alles, wobei es gleichgültig für die Sache ist, ob wir sie glauben oder nicht.

»Sie aßen, sie tranken, sie freieten und ließen sich freien bis an den Tag, da ...!«

Essend, trinkend, sich freiend. Was geschieht in unserer technologischen Welt-Gesellschaft anderes als dies? In ihrer Wirtschaft, in ihrer Politik? In ihrem Sex- und Bioskult? In der Technik steigert unsere Rationalität das im biologischen Stand Angelegte auf die äußerste Möglichkeit hinaus. Dies Menschenmögliche erkundet Wissenschaft, manipuliert dann Ideologie und realisiert Politik. Ein qualitativ Anderes gehört nicht mehr zum Menschenmöglichen. Wir gestikulieren es erst nur. Bis dahin ist das Gesetz des höheren kreatürlichen Lebens der Kampf, zu überleben. Wobei die Interpretation, daß dieser Kampf zur »Auslese der Arten« diene, fragwürdig und unmenschlich zugleich ist. Wo sich menschliche Existenz zur Geschichte erhebt und »Geist« und »Bewußtsein« ein Neues signalisieren, sublimiert sich dieser »Kampf ums Dasein« in Haß und Gewalttat, Neid und Rachsucht.

Aus welchen Quellen steigt diese kreative Triebgewalt auf, die nur durch Zerstörung von Lebendigem Lebendiges entstehen läßt? Ein unermeßliches Potential von Energie ist der Natur mit ihr eingestiftet, ein Potential, dessen Gewalt nur durch Selbstzerstörung gleichsam in Schach gehalten werden kann.

Es läuft dieses Gesetz zugleich mit jenem anderen die Bahn der gemeinsamen Entwicklung entlang, nach dem das höhere Leben sich aus der Zelle nach dem Gesetz der Harmonie mit der Exaktheit der Mathematik bis zur äußersten Differenziertheit der Organismen aufbaut. Dank dieser Parallelität der Abläufe entsteht ein Riß, der durch die ganze biologische Kreatur hindurchgeht. Ist dies Geschichte, die Exekutierung dieses Risses durch einen Zwang, der in der Harmonie der Organismen verborgen und aus ihrer Mitte hervorzubrechen scheint? Ist dieser Zwang schon im Prinzip der Zweiteilung der Zelle, in der Setzung von Individuation mitgesetzt? Kann sich die Gattung nur dadurch erhalten, daß das Individuum untergeht? Ist dieser Zwang ein ewiges Gesetz? Gibt es kein Darüberhinaus? Lebt die Gattung nur durch den Tod der Individuen? Ist es nicht wie ein Hohn, daß das Individuum, das »Unteilbare«, gerade das Vergehende, nicht das Bestehende heißen soll? Aber da ist womöglich schon der Fehler in der Rechnung. Ist die Menschheit nur Gattung? Geht es an, die Geschichte auf biologische Begriffe zu bringen? Ist nicht gerade dies das Problem, daß gerade dieser Denkzuschnitt nicht ausreicht, ihr Geheimnis auch nur zu umschreiben? Muß hier, in der Geschichte, Menschheit nicht als Person, als Menschheits-Mensch, als Groß-Individuum betrachtet werden?

Zeichnet sich hier, in dieser Problematik, in ihrer Unauflösbarkeit, signaturhaft in einer niederen Seinsart, ein neuer Schöpfungsstand ab? Ein Stand, in dem Alle und Alles *ein* Leib ist? Könnte es sein, daß die biologische Welt als Ganzes und mit allen ihren Möglichkeiten nur eine Schöpfungsstufe ist, die überwunden werden soll? Die schon in der Signatur jenes heraklitischen »Der Streit der Vater aller Dinge« über sich hinausweist? Ein unhaltbarer Stand der Dinge, der in seiner Unerträglichkeit gleichsam explodiert? Der nicht über sich hinaus kann, nur hinausweist in der klaffenden Geste der Ohnmacht, in immer gewagteren Aufstiegen immer gefährlichere Abstürze riskierend? Der in diesem Wollen und Nichtkönnen in der großen Leidenschaft eines permanenten Revoltierens, eine einzige Signatur ist, geladen bis an den Rand mit Hinweisungskraft auf einen neuen Schöpfungsgang, dessen Ziel im Evangelium »Reich der Himmel« heißt? Könnte es sein, daß die Revolutionen die Signaturen sind, die den Horizont der Weltgeschichte offenhalten für das Unmögliche?

Da ist noch eine andere Dimension, der wir jetzt schon zugehören. Sie ist nur im Offenen eine denkbare Möglichkeit. Nur im Raum und in der Zeit, die ins Offene hinaus aufgesprengt sind, kann jener absurde Satz Ereignis werden: »Der Herr kommt.« Der »Kommende« ist eine Anti-Kategorie zum gesamten kategorialen Denken im geschlossenen Weltbild. Er überrollt unsere in der besten Gesellschaftsordnung noch immer »schlechte« Gerechtigkeit. Er versetzt uns aus dem Unvollendeten des Fragmentes in die neue Seinsart »von Angesicht zu Angesicht«.

44. Brief (1946)

Sie würden bereit sein, so sagen Sie, den bestehenden Kirchen ihr Daseinsrecht zu lassen, wenn sie ihr Leben aus dem Geist hätten. Denn eine andere Motivierung könne es für das Dasein einer Kirche nicht geben. Machtvolle Organisation, große Werke der Nächstenliebe und scharfsinnige Gedankensysteme gebe es auch anderswo.

Ich kenne Ihren – erlauben Sie mir, Sie einmal ein wenig zu beschimpfen – antikirchlichen Affekt sehr wohl. Jedoch die Gerechtigkeit zwingt mich zu gestehen, daß mir diese alte, ablebende Kirche dazu verhelfen mußte, die erste Spur des Charismas wieder zu entdecken. Ich sah diese Spur auf dem und jenem Antlitz eines ihrer Glieder. So geschah es, daß ich in der sterbenden Splitterkirche die wahre, *eine, ungeteilte* Kirche wieder aufleuchten sah. Die geistliche Urkirche, die durch alle die zerfallenden Teilkirchen heute wieder hindurchzustrahlen beginnt. Es tragen die historischen Kirchen das Täuferschicksal an ihrem Leibe: sie müssen abnehmen, damit Christus zunehme. Haben die Täufer-Jünger mit Fasten und Weltentsagen die Religion des Gesetzes zum letztenmal erneuert, so sitzen die Christus-Jünger mit dem Bräutigam zu Tisch, auf dem das Wasser des Täufers zum Wein des Gottesreichs gewandelt wird.

Aus diesem Quell allein lebe auch ich mitten in einem Trümmerstück der zerfallenden. Die ungeteilte Kirche glaube ich, liebe ich, hoffe ich. [1946]

45. Brief (1937)

Begreifen Sie, daß solche Entscheidungen erst durch Jahrzehnte schweren Ringens beim Einzelnen und durch Jahrhunderte bei den Kirchen reifen! Die Kämpfe, die wir heute durchmachen, sind die weltgeschichtlichen Symptome für das Ende einer ganzen Epoche. Was hier zu Ende geht, sind die Kirchen als eine Mehrzahl, als eine Feindschaft, als ein zerrütteter Haufe. Was hier zu Ende geht, ist der Widersinn, um nicht zu sagen die Blasphemie, die sich ausdrückt in dem Plural: »die« Kirchen.

Es geschieht in der Geschichte nichts umsonst. Auch die bösen Wege, die wir in den letzten Jahrzehnten gehen mußten und die wir heute und morgen in der Kirche noch werden gehen müssen, sind die Sichtungswege der »unbarmherzigen Barmherzigkeit Gottes«. Hier führt Gott seine Christenheit auf ihren alten Wegen ad absurdum. Er läßt uns diese Wege zu Ende gehen. Er läßt sie uns zehnmal zu Ende gehen, bevor er uns als reif erkennt für den neuen. Man könnte dieses Vorgehen Gottes seine »unbarmherzig-barmherzige Pädagogik« nennen: uns auf seinen vielen Wegen reif werden zu lassen. Wir müssen diese Wege mit solcher Zähigkeit immer wieder neu zu ihrem unabdingbaren Ende ausgeschritten haben: einmal, damit wir unserer Pflicht gegen das Erbe der Väter gerecht werden, es bis zu seinem letzten Tropfen ausschöpfen und von seiner Kostbarkeit nichts neuerungssüchtig verschleudern, solange noch etwas da ist. Dann aber – und das ist die Hauptsache –, damit wir selbst willig werden für Gottes *neuen* Weg. Und dieses Willigwerden ist das schwerste. Nur durch solche Prüfungen auf Herz und

Nieren hindurch geht der Weg ins Neue. Ganze Generationen werden in solchen Sichtungen geopfert.
Darum sind heute all jene Kräfte der Sichtung, ja der
Auflösung, in der Kirche freigesetzt, damit jenes Ad-
absurdum-Geführtwerden sich vollziehe.   [1937]

14.   Gott ist in Fahrt

46. Brief (1937)

Der zerstückelte Christus ist der größte Frevel in der Geschichte der christlichen Kirchen. Keine Schuld brennt mit tieferer Zerstörungskraft in das Herz des Glaubens hinab als diese Schuld.

Auf diese Schuld sind wir überhaupt noch nicht im Ernst gestoßen, nämlich als den heimlichen Quellpunkt des Todes, der durch die Christenheit hindurchgeht. Deshalb bekennen wir auch so unbekümmert jeden Sonntag die »eine, heilige, allgemeine christliche Kirche« vor unseren Altären mitten in Kirchen, die durch ihr Sondersein mit jedem Atemzug ein solches Bekenntnis wieder aufheben. Welch eine Schuld haben alle Konfessionen ohne Ausnahme auf sich geladen durch eine solche Verkörperung einer Unwahrheit im Namen der Wahrheit! Und Christus hat doch an die Einheit die Wahrheit gebunden! Es gibt keine Wahrheit außerhalb der Einheit, nämlich vollmächtige, kräftige Wahrheit. Keine Wahrheit, die Macht der Verklärung und Vergottung hat. Und darauf allein kommt es an. Lesen Sie doch bitte einmal die Verse des 17. Kapitels des Johannesevangeliums! Sie enthalten nichts Geringeres als das Vermächtnis Christi. Hier wird an die Einheit der Seinen die Glaubwürdigkeit seiner Sendung geknüpft. Ich bin mir gewiß, daß es unaufhaltsam immer tiefer hinabgehen wird mit uns, wenn nicht hier an diesem Punkt die Wendung, man muß schon sagen: die Bekehrung der Christenheit einsetzt. Es ist heute so, daß die »Unterscheidungslehren« sozusagen hoffähig sind. Man liest sie an den Universitäten. Aber die Frage nach dem einen Christlichen in, über und hinter dem Splitterwerk, die Frage nach der Mitte und dem Ganzen ist illegitim. Illegitim nicht als theoretische Frage. Als solche hat sie natürlich ihren Platz in jeder konfessionellen Theologie. Nein, illegitim ist sie nur als Frage, *die für uns verbindlich ist und in einer solchen Verbindlichkeit zur letzten und obersten Frage wird,* die alle anderen Teil- und Sonderfragen ihres absoluten Anspruchs entmächtigt und in ihren Rang zurückversetzt. Die Konfessionen sind das Schrumpfprodukt der Entwicklung. Sie sind Zerspaltung und Verfeinerung und darin Verringerung der Fülle des Glaubens. Es darf so nicht weitergehen. Sondern es muß umgekehrt heißen: zurück zum Einen, zurück zum Ganzen! Hinter die Konfessionen zurück zur Fülle des unzerstückelten Christus.

Wir müssen es ganz neu lernen, die kleinen Dinge wieder klein und die großen wieder groß zu nehmen. Lassen Sie uns einmal auf das Ganze der Kirchengeschichte sehen, so wird deutlich, daß jede Spaltung in der Geschichte der Kirche ungeachtet ihrer »historischen« Notwendigkeit letztlich vom Fluch gezeichnet ist. Vom Fluch der Entwurzelung aus dem Ursprung. Es liegt ein Fluch auf der Freikirche, die sich von der Landeskirche löste. Und es liegt ein Fluch auf den protestantischen Kirchen, die sich von den katholischen lösten. Und es liegt ein Fluch auf den katholischen Kirchen, die sich von der Alten Kirche lösten. Diese Entwicklung geht heute zu Ende. Was jetzt kommen kann, ist nur noch die Anarchie, wenn sie nicht schon da ist. Es geht hier nicht einen Schritt mehr weiter. Es heißt hier metanoia. Umkehr, radikal, total!

Das charismatische Leben allein ist die Kraft des wiederzusammenwachsenden, zerstückelten Christus. Ich sage es ohne Vorbehalt, daß es keinen anderen Weg zur Glaubenseinung gibt als diesen!

Christliche Lehre kann nichts anderes sein als Hinführung auf das Leben aus dem Pneuma. Sie muß, wenn sie rein ist, nicht zur Selbstbehauptung im Sonderbekenntnis, sondern zur Selbstaufhebung im charismatischen Leben führen. Im Konfessionalismus mißversteht sich das christliche Wahrheitsanliegen als theoretisch. Es setzt sich in ihm – theoretisch – absolut und schließt dadurch die Sonderkirchen – dies nun aber konkret – aus dem göttlichen Geschehen, das die Weltgeschichte zur Heilsgeschichte macht, aus. Denn Gott kommt ja jetzt überhaupt nicht mehr zum Zuge. Wir fallen ihm in den Arm. Wir wollen ihn festnageln auf den Buchstaben. Wir geben ihm wohl die übrige Welt frei, damit er dort »alles herrlich hinausführe«, wo alles »im Argen liege«. Aber wir selbst wollen uns von einem solchen Hinausgeführtwerden ausschließen. Es würde ja auch das Hinausgeführtwerden aus den Verhaftungen unseres Sonderdaseins bedeuten. Wir selbst wollen das Mysterium der Verwandlung nicht an uns geschehen lassen. Denn wir sind ja »in der Wahrheit« – theoretisch! Wir sind ja nicht Stufe, wir sind ja Ende. Wir lassen nicht zu, daß durch unser Bruchstück hindurch das Gottesreich zur Ganzheit wachse. Wird es ernst, beweist sich Gott als der große Täter, dann zucken wir zurück.

Gott aber ist in Fahrt. Ein großes Werden ist im Schwange. Das Ziel ist die Vollendung. Es drängt der Schöpfer Geist in der Geschichte zu unvorstellbar großem Ziel hinaus, von dem die Verheißungen mit ihren Gleichnissen und Bildern stammeln. [1937]

[1968] »Ecclesia abscondita«: Der Wurzelstock ist verborgen im »Acker der Welt« wie jede Wurzel, die lebt. »Sancti latent«: Die Christen verschwinden wie Salz verschwindet, wenn es zu wirken beginnt. Man kennt die Christen nicht: unkenntlich wie die Partisanen im Dschungel der Welt.

Das Gleichnis des Guerilla-Krieges trifft am besten die Situation in der durchsäkularisierten Gesellschaft, in der wir stehen. Das Gleichnis ist der Sprache des Krieges entlehnt. Der Gebrauch stimmt zum biblischen Realismus. Das aber in einer unterscheidenden Umkehrung: »Wie die Schafe unter die Wölfe« sind die Jünger gesandt. Keine andere Identifikation als diese: Die Schafe werden von den Wölfen gefressen. Es ist der umgekehrte Krieg des »deus inversus«, des auf den Kopf gestellten Gottes: Die Niederlage ist sein Sieg.

Im Pneumatischen geht es anders zu als im Pragmatischen. Das Pneuma ist der Antikörper des Pragma. Nur dank dieses Antikörpers hat die Pragmawelt ihre Existenz. Aber nicht nur ihre Existenz, sondern auch ihre Verheißung. Ich sage nicht ihre »Zukunft«. Zukunft ist Zeitlichkeit, deren Gesetz Vergehen ist. Ich sage auch nicht Hoffnung. Hoffnung haben alle, auch die Fliegen, zu überleben. Die Hoffnung ist in der Tat ein kreatürliches Prinzip. Im Evangelium heißt es Prophetie und die sagt zuerst: Ende der Zeitlichkeit. Dies Wort aber vom Ende macht den Unterschied zu den politischen Futurologien aus. Es gründet den Radikalismus der christlichen Verheißung, der das prophetische Wort den säkularen Messianisten zum Greuel machen muß. Hier erst, an dieser Leerstelle, wird es eindeutig, was das heißt: daß der Christ Partisan in dieser Welt ist: Er ist der Partisan des Auferstandenen.

Der Auferstandene, das ist: Durch Schöpfung geschieht es, nicht durch historische Dialektik. Das ist: Nicht kraft der Gesetze in den Dingen geschieht es, sondern kraft der Freiheit, in der die Dinge sind. Darum weiter: Nicht durch den »objektiven« Geist in den Dingen geschieht es, sondern durch den »anderen« Geist, der weht, wo er will, souverän: *auch* in den Dingen.

Der Auferstandene, das ist: Die neue Schöpfung ist schon angebrochen. Der alte »Kosmos der Nacht« liegt schon im aurorischen Glanz der ersten Frühe. Er ist kein »geschlossener« Kosmos mehr. Er ist durchlässig geworden für das, was um ein Unendliches mehr ist als er. Die Selbstumkreisung des Menschen – im magischen Kreis seiner Verzauberung in sich selbst – ist aufgesprengt. Von fern weither beginnt er zu ahnen, »daß der Mensch unendlich über den Menschen hinausreicht«.

Es ist Sturmflut heute. Die Fundamente des Glaubens kommen wieder zum Vorschein.

47. Brief (1937)

Danke für Ihre Frage im letzen Brief! Sie ruft mich auf den Erdboden zurück.

Sie fragen: »Wie soll das zugehen im Raum, in dem sich hart die Tatsachen stoßen?« Durch Disputationen, Tagungen, Treffen, Konzile, Weltkonferenzen? Vielleicht auch! Nicht aber im Hauptpunkt – und nicht immer. Der Weg, auf dem uns das charismatische Leben zur Glaubenseinung führt, sieht nun tatsächlich in praxi anders aus als die bisher von uns beschrittenen Wege.

Diese Wege tragen ja alle mehr oder weniger den Charakter von Techniken, diese Einung konstruktiv zu erreichen, gleichgültig, ob sie nun aus der theoretischen Wahrheit von der einen Kirche, ob sie aus kirchlichen oder politischen Interessen heraus versucht werden. Mit all diesen Techniken will der menschliche Arm weiterlangen, als er tatsächlich reicht. Lassen Sie mich den Weg, den der Geist »in die ganze Wahrheit« führt, kurz als den *inwärtigen* Weg bezeichnen.

Dieser Weg hebt von der Urzelle an mitten in der verfaulten Menschen- und Religionswelt. Das eben ist das Ereignis Christus, dieses Hineinverwesen Gottes, dieses Hineinsterben des Weizenkorns in den Acker der Welt zu einem neuen Anfang. Das ist das Ereignis Christus, dieses »Bei Gott ist kein Ding unmöglich«. Von hier wird der Mensch und die Welt zum zweitenmal geboren.

Die Kirche wird neu zwischen den zweien und dreien, die der Geist wieder um die eine Mitte kreisen läßt. Lesen Sie dieses Gesetz dem Atom ab, das auch eine Gemeinschaft ist. Seine Elektronen kreisen um den einen Atomkern. Schon bei den Merkzeichen, die wir für den charismatischen Menschen zu finden suchten, sahen wir diesen einen Zug durch alle hindurchgehen: daß der Geist die stiftende Macht schlechthin ist. Schon das ist ein Akt erster Gemeinschaftsstiftung, jenes Aufleuchten des Christusantlitzes, in dem der eine der Erglänzende und der andere der Erkennende ist. Der einmal vom Strahl Berührte bleibt nicht mehr, der er war, sei er auch immer, wie er wolle. Der Strahl geht weiter in tausend Gestalten: als Wort, als Blick, als Geste, als Schweigen, als Tat, als Erkenntnis, als Leiden, als

Kampf. Er geht weiter und zwar immer zum anderen Menschen hin. Immer als Akt der Durchbrechung einer Isolierung, als Lösung aus Gefangenschaft, als Ende von Feindschaft.

So entsteht die neue Gemeinschaft durch den neuen Menschen. Hier wird in der Zelle die gespaltene Welt wieder ganz. Hier bereitet sich in der Christusgemeinde die Ganzheit der neuen Schöpfung im Keim vor. [1937]

48. Brief (1937)

Also nicht durch eine »Zweite Reformation«, sondern durch diese Verwandlung der Personen, durch »Regeneration«, wird die Kirche heute neu. Der inwärtige Weg führt zu einer inwärtigen Verwandlung meines Protestantseins. Er verwandelt mich von innen her, mich, den Protestanten, zum Christen. Also nicht plötzlich aufhören wollen, Protestant zu sein. Das würde den Sturz ins Chaos bedeuten. Sondern hinstehen auf den Boden, auf dem ich geboren bin, der mein Vätererbe ist. Der mir gehört, der – sei er, wie er wolle – mein unersetzbares Stück Geschichtserde ist. Hier fest hinstehen und den Weg beginnen zu dem einen Christus und der ungeteilten Kirche. Dulden Sie es einmal, daß ich diesen inwärtigen Weg mit dem alten Bibelwort »Buße« nenne, ohne daß unser Gespräch schon gleich wieder in den berühmten Hiatus absinkt! Es mag ruhig unser Stichwort bleiben, aber auf dem inwärtigen Wege, an uns selbst, an uns, die Protestanten, gerichtet.

Nicht also der Protestant ruft hier den Katholiken. Der Ursprung selbst ruft den Protestanten. Wie auch den Katholiken nur der Ursprung selbst auf seinen eigenen, inwärtigen Weg rufen kann. Wird der Weg ehrlich begangen, so gibt es kein Vorbei an dem zerstückelten Christus. Er selbst ist unser aller Bußstation. Es gibt wahrscheinlich nichts, was uns, den Kindern der Reformation, einzugestehen schwerer ist als dieses: daß die Glaubensspaltung unsere eigene Reformation in ihr Gegenteil verkehrt hat. Bekommen wir nicht gerade heute die Frucht dieser Verkehrung zu schmecken? Ich weiß, wie schwer wir daran zu schlucken haben, an dieser Wahrheit. Aber um sie herum kommen wir nicht. Wir sollen nicht katholisch werden, nein, aber wir sollen wieder christlich werden. Wie auch der Katholik nicht protestantisch werden soll, sondern Christ. Auf dem inwärtigen Weg heißt es absehen vom konfessionellen Nachbarn. Es heißt da eines und dies ganz neu: auf den Ursprung selbst hinsehen. Es interessiert uns der konfessionelle Nachbar nur dann, wenn er in diesem Wettlauf uns etwa sollte voraus sein. Daß wir dann keine Ruhe hätten, ihn einzuholen und auf diesem inwärtigen Weg als erster zu Christus zu gelangen! Denn dort allein gibt es ein Sichtreffen im Enden aller inwärtigen Wege. Nicht der Protestant ruft also den Katholiken. Hier ruft der Protestant den Protestanten. Denn hier ist Ruf zur Buße. Und mit dem ruft ziemlicherweise jeder sich selbst.

So geschieht es auf dem inwärtigen Wege, daß jede Konfession sich selber auf den Grund geht, sich den Boden ihres eigenen Gefäßes durchstößt, um im Urgrund selbst wieder Fuß zu fassen. [1937]

49. Brief (1946)

Sagen Sie mir nicht, daß die Dinge viel verwickelter lägen. Ich weiß, daß die Wirklichkeit »Abendland« um einiges verwickelter ist. So labyrinthisch, wie der Mensch dieser alten Welt es nur sein kann. Ja, mein Hieb haut nur grob hin. Aber er haut dorthin, wo der Astknoten im Scheit sitzt.

Ich meine, die Christenheit hat den »Geist« verloren. Es ist da seit tausend Jahren ein heimliches Vergessen, ein geheimes Nicht-mehr-Wissen um ihn.

So groß diese Lücke, so schwer die Folge: ein epochales Ereignis in der Mitte des Jahrtausends – die Spaltung der Christenheit.

Die versammelnde, die erleuchtende Macht war erloschen, der Geist. Der zerstückelte Christus entspricht genau unserer Entblößung vom Geist. Die mißglückte Reformation der Kirche aber besiegelt sich im Dreißigjährigen Krieg.

»Wo bist du, Gott?« – diese Frage entstand damals, ein schicksalhafter Vorgang in der abendländischen Christenheit. Damals geschah es, daß jenes Vertrauen erschüttert wurde, wissen Sie, jenes Vertrauen zwischen Vätern und Söhnen, ohne das es kein Weiterleben der Christenheit geben kann. Damals dämmerte im abendländischen Geist der Verdacht vom »toten Gott« auf, damals, als die Religion des offenbarten im Religionskrieg zerbrach. Die Gottesfrage schien unlösbar.

Im Anblick des verschütteten Weges wichen wir in die Säkularität aus. In die saecularitas der klassischen Humanität unserer großen Dichter und Denker; der klassischen Weltsysteme der autonomen Vernunft; in die Weltbildmythen der modernen

Naturwissenschaft; in die neuen Staatengründungen des aufgeklärten Menschen.

Bis dann im *zweiten* Dreißigjährigen Kriege die Antwort kam auf jene schicksalhafte Frage des ersten. Und die hieß jetzt: »Es gibt ihn nicht!«

Die beiden dreißigjährigen Kriege der europäischen Geschichte stehen in einem theologischen Zusammenhang. Zuvor aber war der Glaubenszwist: Die gespaltene Christenheit trägt die Schuld am Sterben der abendländischen Seele. Lassen wir in diesem Augenblick alles kluge Haschen nach Entlastung. Diese Weltstunde stellt alle kleinen Künste in ihr Gericht. Die historischen Formen der christlichen Religion sind alt geworden. Ihre Gemeinde ist zerspalten, ihr Wort entmächtigt, ihr Brauch entleert.

Das Gesetz des Werdens und Vergehens beweist seine Macht über ihre geschichtlichen Gestaltungen.

Ein neues Weltalter bricht an mit einem neuen Gesetz über sich. Unter neuem Gestirn erhebt sich eine geistliche Gestalt der Kirche aus den Trümmern der alten.

Noch kennt sie keiner. Noch ist unser Blick gehalten, unsere Hände in Schutt und Bruch einer vergangenen Welt. Noch ist dies unser Werk: den Weg freizuräumen.

Aber den Samen kennen wir. Den Samen tragen wir und bewahren ihn mit Dank. Das, mein Freund, ist unser letzter Dienst, vielleicht, der unserem geschlagenen Geschlechte noch zu tun bleibt.   [1946]

50. Brief (1946)

Erinnern Sie sich noch an Ihren Besuch bei uns im letzten Herbst?

Die Frage nach dem verborgenen Gott war es, die uns damals in bewegten Gesprächen den Anstoß gab zu einem Briefwechsel, der jetzt wohl schon ein kleines Buch füllen möchte.

Wenn ich heute auf die »Fährte« zurückblicke, die wir beide in unserer Preisgegebenheit auf dieser Erde verfolgten, so war es die Jagd nach dem verborgenen Gott. Nein, nicht mehr auf der Flucht, sondern auf der Jagd!

Lassen Sie uns in dieser Leidenschaft wachsen, mein Lieber! Lassen Sie uns darin verbunden bleiben! Mit der rabiaten Witwe und dem va banque spielenden Perlensammler des Evangeliums hat solche Leidenschaft die Verheißung bei sich – »um ihres unverschämten Geilens willen«.

Es ist schon eine abenteuerliche Jagd. Eine Jagd, die sich zum Kampf auswächst, dem härtesten, den es auf Erden gibt. Die Fährte führt uns mitten durch den Bannkreis dunkler Mächte. Dieser Bannkreis ist ihr listig getarnter Hohlraum – und zugleich unsere, des Menschen Wirklichkeit. Hier wartet der verborgene Gott auf uns. Hier will er sich uns offenbaren. So verschlagen sich jene Mächte ins Unsichtbare zurückziehen, so überlegen sie sich für unseren Zugriff ungreifbar machen, so kindlich offen will Er uns erscheinen: im Fleisch.

In diesem Kampf ist die Menschheit allezeit die unterlegene. Sie ist in ihm verloren, kämpft der Christus nicht diesen ihren Kampf. Er hat ihn angefangen, die Taube über dem Haupt, damals, als er dem Jordan entstieg und hinaus auf den Berg der Versuchungen ging. Er setzt ihn fort in der Gestalt des Pneuma. Es ist die Gestalt des allen Zeitaltern gegenwartenden, geschichtsinwendigen Herrn.

Der Geist aber ruft den Menschen. Durch ihn, den Menschen, führt er diesen Kampf. Darum gibt es Christenheit in der Welt.

Die Sendung der Christenheit – wie Schafe unter die Wölfe!

Sehen Sie, das ist's. Nicht wider die Welt ist sie gesandt. Wider die dunklen Gewalten ist sie gesandt.

Das Evangelium sagt, daß der Widersacher, der die Macht in ihr sucht, der Gegen-Christus ist. Keiner ist vor ihm gefeit. Kein Einzelner, kein Volk, keine Völkergemeinschaft. Ja, selbst die Kirche nicht. Er ist die große anonyme Macht.

Er führt Kreuzzüge und heilige Kriege. Scharen von Märtyrern ziehen ihm vorauf. Bergpredigten hält er. Wir haben in unserer Generation einen Vorgeschmack davon bekommen, was in der Geschichte alles möglich ist – in dem Wahn, eine »neue Welt« aufzubauen. Seitdem Christus in die Welt kam, ist auch der Teufel in der Welt losgeworden. Das ist es, was durch *sein* Erscheinen mit an den Tag gebracht wird.

Das ist die Stunde, die die Christenheit ruft.

Christenmenschen gibt es an allen Orten. Kein Volk, in dem sie nicht wären; kein Beruf, keine Staatsordnung, keine Rasse, kein Kulturkreis. Eine nicht sichtbare Front geht durch alle hin: Christenheit. Durch das Licht sieht man. Durch die Christen bekommt die Welt Augen. Sie sieht jetzt, was sie ohne dieses Licht nie sehen konnte. Sie sieht das

Nicht-Sichtbare, das da im Schwange geht. Darum der Zorn auf diese Lichtentfacher.

Die Christenheit hat die Pflicht, die »Geister zu unterscheiden«: Aufdeckung des Verborgenen, Sehen des Unsichtbaren, Enthüllung des Bösen in der Gestalt des Guten. Ihr Amt ist ein bewahrendes, warnendes, beschwörendes. Ein Salzamt in der Welt: die Todesfäule der Kreatur zu beizen. Salzkorn muß der Christ sein überall in der Welt, beizendes, heilendes Salzkorn. In den Familien, in den Parlamenten, in den Regierungen, in den Fabriken, in den Gewerkschaften, in den Ausschüssen. Ja, und in den Kirchen, da ganz besonders.

Damit dieses wunderbare Gebilde von Erde für Christus bewahrt bleibe. Damit die Menschheit ihre große Hoffnung behalte, denn diese Erde und das Menschenbild gehören zusammen. Damit sie nicht in das Grauen der Hoffnungslosigkeit absinke. Damit diese Erde eine Ahnung ihrer Zukunft im Gottesreich überglänzt.

Sie wissen ja, daß die Gottes-Gemeinde in einem Bild der Bibel der »Leib des Christus« heißt. Zu diesem Leib gehören alle, die es einst waren in den Jahrhunderten vor uns und die es einst sein werden nach uns.

Ich denke mir diesen Leib wie eine Traube, die im Sterngewölbe schwebt. Ich denke mir die Myriaden Géniën leuchtenden Beeren gleich in dieser Leibestraube hängen.

Ich denke mir das ganze Universum als den Weinstock Christus, an dem die Wesen wachsen wie die Blätter und die Reben.

Dann. Einst. In der Vollendung. [1946]

51. Brief (1937)

Nun blühen auf unserer Wiese die ersten Schnee-glöckchen und auch einige melancholisch-feurige Krokusse stehen dabei. Das zu sehen, ging ich heute morgen in den Garten. Wenn Sie unseren Winter kennten, so wüßten Sie, was dieser erste Gang in den Garten jedesmal für ein Ereignis ist! Sie wissen ja, wie er ist, unser Garten, ein rechter Bauerngarten, ein wenig struppig, eigentlich schon halb Landschaft, weil die Landschaft unverhohlen in ihn hereinwächst schon seit zweihundert Jahren. Ich sah über die Hekke hinweg die fernen Züge des Burgwaldes im märzlichen Fruchtnebel dieser Tage stehen und gedachte Ihrer, wie Sie jetzt wohl mit Ihrem Wagen durch den Frühling Oberitaliens fahren.

Wenn Sie in Bologna sind, so bitte ich Sie, den kleinen Abstecher nach Ravenna nicht zu scheuen. Gehen Sie dort in das Taufhaus Giovanni di Fonte und denken Sie an die Gespräche, die uns den Winter über so stark bewegten. Dieses Taufhaus ist wohl eines der ältesten der Christenheit. Es ist vermutlich Ende des 4. Jahrhunderts entstanden und nicht der römischen, sondern der griechischen Kirche zugehörig. Nicht unser Sichausdenken schafft die großen Symbole. Sie stehen auf ihrem Boden wie Pflanzen, von deren Keimung und Wuchs wir nichts Rechtes wissen. Die Historiker zweifeln daran, daß dieser Bau eine christliche Schöpfung ist, weil die Fundamente auf eine heidnische Therme hinwiesen. Nun, lieber Freund, ist nicht gerade das der Beweis für die Echtheit dieses Baues in einem höheren christlichen Sinn? Eine heidnische Therme wird zum christlichen Taufhaus! Ich kann mir kein ergreifenderes Zeichen

231

des ewigen Wortes denken, das Fleisch ward, als ein Taufhaus, das sich aus den Fundamenten einer heidnischen Therme erhebt.

Drinnen sehen Sie ein Mosaik. Es ist eine Taufe Christi. Neben Christus steht dort Jordanus, der Flußgott, und hält dem Heiland der Welt das Gewand. Es ist dasselbe noch einmal, was der ganze Bau: die Kreatur, die die ewige Liebe zu ihrem Dienste rief.

Wen die aber rief, der folgt.

Der folgt! Denn der Gerufene ist hier auch schon der Verwandelte.   [1937]

Nachwort

Nicht daß ich meinen Leser überzeugen könnte! Eher daß ich ihn warnen müßte, wäre er nicht durch die Sache gewarnt genug. Ärgernis gehört zu dieser Sache von Anfang an. »Der Weg ist steil und es sind Wenige, die darauf wandeln.« So sagt es der, der es wissen mußte. Ja, Gott will, daß alle! Aber nicht alle wollen. Der Akt der Freiheit bleibt unverbrüchlich. Auch das gehört zur Sache. Und obendrein noch ist die »Tür« eng. Es ist wie ein Hindernisrennen. Metanoia heißt im Blick auf das Bestehende – Umsturz! Zuerst in der Denkwelt. Das hilft zur Distanz von sich selbst, von der ganzen, vom Menschen erfahrbaren Wirklichkeit, auch von dem, was hätte sein können, was hätte sein sollen: Schulderkenntnis als Teil unserer Existenzerfahrung, Verzweiflung als Gewinn, metanoia als Macht durch Abstand von sich selbst.

Es wäre schon viel, wenn meinem Leser etwas Nachdenklichkeit zurückbliebe. Das sind dann die »Taubenfüße«, auf denen der kommt, von dem in diesen Briefen die Rede ist. Er kommt sehr leise, auch in der Weltgeschichte, so leise, daß es kaum einer merkt, indessen die Zeit »fortschreitet«, aktiv und geräuschvoll. Aber die Taubenfüße unterwandern diese Zeit. Sie nehmen ihr die absolute Größe. Es gibt jetzt »Zeit«, die aufgehoben werden kann, die umkehrbar ist. Glaube ist Vergegenwärtigung. Vergangenheit kann jetzt gleichzeitig mit mir werden. *Kontakt mit dem Geheimnis der Entstehung ist jetzt möglich.* Hier gibt es eine Umkehrung, in der Entstehung sogar von vorne, aus der Zukunft, auf mich zukommen kann. Hier ist Urchristliches nichts Historisches mehr. Es kommt von vorne auf mich zu. Vergangenes und Künftiges kommen im Glauben auf »einen Haufen«.

Der Glaube ist eine Letzthaltung. Er muß sozusagen um die Erde herumgelaufen sein, um wieder dorthin zu gelangen, von wo er ausgegangen war. Der große Technokrat der mündigen Welt, der Weltveränderer, der Menschenmacher muß sich in seiner äußersten Möglichkeit, in seinem Eschaton erfahren haben. Es ist ihm dazu jede Chance und viel Zeit gegeben: zu zeigen, was er kann (und was er nicht kann!). Er ist der Adressat des Evangeliums.

Schlußbrief

»Ich weiß kein anderes Wort«

Warum ich noch ein Christ bin – so fragte ich 1937 und schrieb diese Briefe an einen jungen Freund, der in meinem Hause verkehrte. Im Jahre darauf begann Hitlers Großoffensive gegen das Judentum. Es sieht heute so aus, als sei mit Hitlers Judenmord diese Frage »Warum« für immer unter einem Tabu begraben worden. Bin ich nicht ein Christ geworden, weil Jesus Christus als »Gottes Sohn« auch für mich gestorben ist, weil ihn die Juden den Römern zur Hinrichtung überantwortet hatten? Und weiter: War diese Verurteilung zum Tod durch das Hohe Gericht in Jerusalem nicht gerecht? Konnte sie überhaupt anders lauten, wollte sich das Judentum nicht selbst aufgeben und selbst der Gotteslästerung schuldig werden?

Ja, warum bin ich Christ geworden? Eben darum! Und war dies nicht die Grundwurzel des christlichen Glaubens, das Selbstopfer Gottes an diesem Kreuz, von den Juden und Heiden gemeinsam errichtet. Und das Kreuz als das universalgeschichtliche Mysterium dieses Geschehens? Ist dieses Kreuz nicht das abgründige Geheimnis der Geschichte auf diesem Planeten, das nur anzunehmen oder zu verwerfen ist?

Ich bin dem Volk Israel Dank schuldig, für den es kein Wort gibt noch geben wird, so lang es noch Geschichte auf diesem rätselhaften Stern Erde gibt. Zur Verwirklichung dieses Selbstopfers Gottes in der Geschichte mußte das Volk Israel herhalten. Das ist sein

Sinn, das ist seine Erwählung: Das Kreuz ist die Verwirklichung des Mysteriums der Geschichte, dessen Logik nur die Auferstehung des Geopferten sein kann.

Warum also bin ich noch ein Christ? Trotzdem und dennoch? Bin ich ein Vergewaltigter? Von welcher Dimension her? Ich weiß kein anderes Wort, als das ich mir schon 1968 zur Antwort gab. Warum also? »Weil man es sein muß oder eben nicht ist. Christsein ist keine Eigenschaft. Es ist ein Verhängnis und eine Gunst zugleich.«

6. Dezember 1980   Paul Schütz